三ヶ所物語

向井 楠宏

アグネ技術センター

三ヶ所物語

目次

三ヶ所物語

はじめに

故郷《ふるさと》　三ヶ所

皆さんは的矢《まとや》湾という湾をご存じだろうか。紀伊半島の東岸の真中あたりに、太平洋に突き出た半島、志摩半島がある。その志摩半島の東端から、西に向かって入りこんだ入江、それが的矢湾である。良く知られている英虞湾の北に位置する。湾の入口は、南から伸びる安乗《あのり》崎と北からの菅《すげ》崎に囲まれて狭いが、すぐ内側は南北に広がる入江になっており、天然の良港を形作っている。その昔、商船の避難港として良く栄えた。湾の中には、周囲が四キロほどの小さな島、渡鹿野《わたかの》島がある。島の西端を囲むようにして、湾の北岸に的矢の集落、南岸に三ヶ所の集落、島の東岸にも集落があり、三つの集落はいずれも百軒前後の小さなもので、的矢村はこの三つの集落から成っていた。

的矢村の三つの集落は、戦後二度の市町村合併を経て、現在それぞれ、三重県志摩市磯部町的矢、三ヶ所、渡鹿野になっている。

私は旧的矢村のなかの三ヶ所で生まれ育った。三ヶ所の集落は、湾に複雑に張り出した小高い山に沿ってへばりつくように、百二十軒ほどの家が寄り集まって出来ている。山側と海側の家の間を一本の曲がりくねった細い道が、集落の入口から、西北の端の行き止まりの味噌神《みそがみ》まで続いている。

集落は三つの字に分かれ、南の入口から順に、今里《いまざと》、里《さと》と続き、西北端の西浜《にしはま》に至って集落は尽きる。

物語のいきさつ

私はこの三ヶ所の地で、昭和十五年九月十二日に四男として誕生した。辰年の乙女座である。学生時代、街の占い師にみてもらったところ、占い師は、

「あなたは女の辰です」

と宣《のたま》った。

紀元二千六百年の年で、同級生の名前には、輝紀、紀弘、紀子や、戦争が始まっていたので、勝、勝二、勝代などが目立つ。

私の名前、楠宏は、上の三人の兄が早世していたので、何とかこの子だけは生き延びてもらいたいと、両親が心からの願いを込めてつけたものである。三ヶ所の南西、浜島町の南西部にある南張《なんばり》の集落に「楠の宮」という伊勢神宮の分社がある。そのお宮さんの「楠」の字を頂いて名前につけると、長生きできると言われていた。父は私が生まれるとすぐに、夜なかに家を出発して、二十キロ余りの

道を歩きとおし、楠の宮に参って、名前をいただき、「楠宏」と名付けた。

このような事情で、溢れるような両親の愛情を一身に受けて育てられ、殆ど人を疑うことを知らないような子供になっていったように思う。

私は十八歳で名古屋に出るまでの、小学校、中学校、高校時代を、この三ヶ所の地で過ごした。生まれ落ちてから思春期を迎えるまでの多感で、濃密な三ヶ所での生活体験は、体じゅうにしみついていて、三ヶ所を離れてからも、事あるごとに思い出され、この年になっても、夢の中にしばしば現れる。国内外への旅行や滞在の際にも、どうしても、海の近く、海の見えるところへと足が向き、海を見てみたい、海に手を浸してみたいという自分がいた。

縁あって、長崎市育ちの妻、由紀子と結婚して四十年余りになり、今は福岡県中間市に住んでいる。ときどき由紀子に三ヶ所のことを話すと、ことのほか興味を示し、是非、三ヶ所のことを書き留めておいては、と言われてきた。

以下に、由紀子が興味を示したことを中心に、私が物心ついてから小学校を終えるころまでに体験、見聞した三ヶ所の自然、人々についての楽しく温かい思い出を、懐かしさをこめて書いた。

ところで、物心ついてから小学校を終えるまでのいわゆる、性に目覚める前の頃に身の回りで起こった、あるいは見聞きした事柄のなかには、そのころの私にはどうしても理解しがたいことがいくつかあった。

そこで、小学校に上がる二、三年前から六年生を終えるころまでに経験した不可解な事柄についても、鴎外の向こうを張るわけではないが、「私のヰタ・セクスアリス」に類する事柄として、この物語のなかに適宜ちりばめて、ありのままに述べることにした。

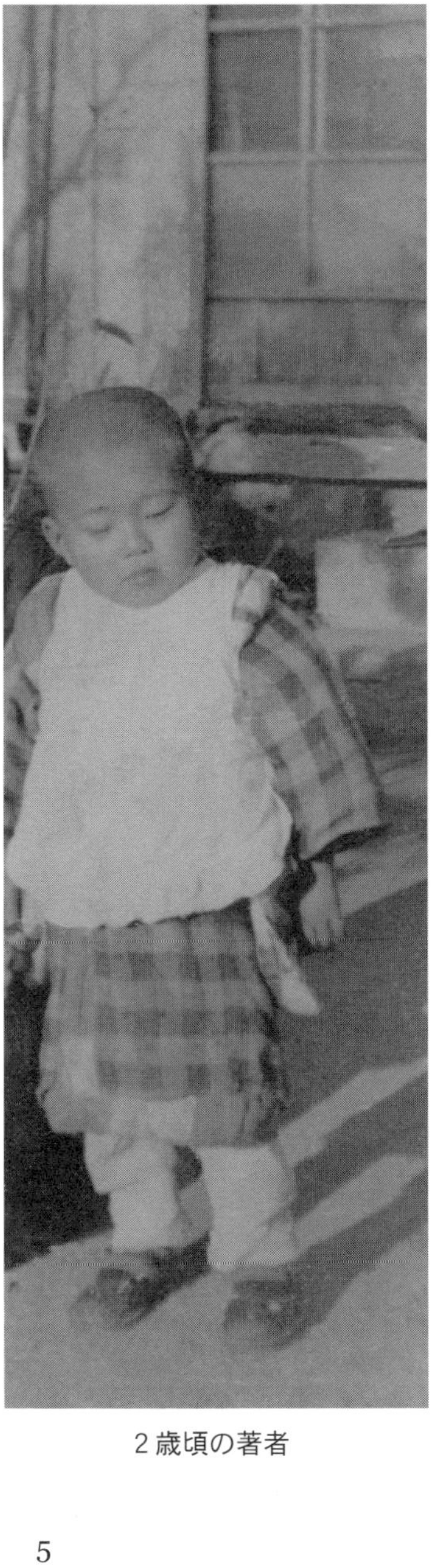

2歳頃の著者

的矢湾とその周りの地理、歴史

先ず、三ヶ所集落のある的矢湾とその周りの地理、歴史などの風土についてもう少し詳しく述べてみよう。

集落の地名の由来については、渡鹿野は、「海を渡って行く火野《かの》（焼畑）」の地であることから名づけられ、三ヶ所は、三つの地区が集って作られた村ということであり、渡鹿野、三ヶ所には、神武東征の防人として参加した九州（宮崎）からの人々が住み着いたと伝えられている（神話外伝）。的矢は、矢竹の産地に由来するとされているが、鎌倉時代あたりには、「的屋」（矢が屋に変わった例多い）と呼ばれていたようである。

天然の避難港の名残は、昔の船宿の屋号、大阪屋、三河屋、讃岐屋、土佐屋などの屋号として三つの集落に残り、船乗りを相手とする遊女の置屋である海月、好月、常磐楼（いずれも渡鹿野在）なども、赤線が廃止されるまでは営業を続けていた。

私が小学校を卒業するころまでは、台風が近づいてくると、木造の貨物船が何十艘も、湾を埋め尽くすように避難してきた。

近鉄鳥羽線
とば
なかのごう
しまあかさき
あさま
朝熊
いけのうち
朝熊ヶ岳
加茂川
高丘
安楽島
大村島
伊勢志摩スカイライン
朝熊山金剛證寺
ふなつ
船津
河内
丸山
岩倉
かも
浦神社
今浦
本浦
石鏡神社
石鏡
石鏡灯台
松尾
浦村
島路川
まつお
しらき
白木
鳥羽市
近鉄志摩線
青峰トンネル
伊勢道路
五知峠
五知
志摩路トンネル
青峯山正福寺
青峯山
ごち
パールロード
国崎
鎧崎
鎧崎灯台
天の岩戸
くつかけ
磯部町
神明神社（石神さん）
堅子
伊雑宮
千賀
畔蛸
鯨崎
相差
日和山
かみのごう
佐藤養殖場
的矢
県立志摩高校
的矢湾
菅崎
的矢湾大橋
しまいそべ
栗木広
夏草
山原
磯部トンネル
穴川
伊雑ノ浦
三ヶ所
渡鹿野島
安乗崎灯台
安乗神社
安乗
あながわ
坂崎
桧山
国分寺
しまよこやま
志摩市
浜島町
横山
鵜方
国府
うがた
国府の浜
横山石神神社
桧山路
阿児町
神明
塩屋
迫子
浜島
しましんめい
甲賀
賢島
賢島大橋
志島
城の崎
かしこじま
立神
畔名
間崎島
英虞湾
名田
波切
波切神社
石仏（潮仏）
大王町
大王崎
大王崎灯台
金比羅山
御座
志摩バイパス
和具浦
御座岬
越賀
大野
船越
堂の山
汗かき地蔵
岩井崎
志摩町
片田稲荷神社
和具
麦崎灯台
国道
県道

志摩半島

菅崎

的矢湾の入り口を北側から囲むように伸びる菅崎は、駆逐艦「春雨」が遭難した岬である。明治四十四年（一九一一年）十一月二十三日、嵐にあって避難のため的矢湾に向かう途中の二十四日午前0時に、菅崎付近で座礁し、乗組員六十四名中四十四名が亡くなった。このとき、近くの相差《おうさつ》と安乗の村民が嵐の中を総出で救出にあたり、海から挙げた瀕死者を女性が交替で、体温で暖め蘇生させる、などの必死の努力がなされた。

安乗崎

一方、安乗崎は的矢湾の入り口を、南側から塞ぐように伸びて、菅崎と対峙する。岬には四角形の安乗崎灯台があり、映画「喜びも悲しみも幾年月」のロケが行われた。古くから伝わる安乗文楽は無形文化財に指定され、旧暦の八月十四、十五日に上演される。

鳥羽の医者であり詩人であった伊良子清白《すずしろ》は、「安乗の稚児」の第四連で、

荒壁の小家一村
反響《こだま》する心と心

安乗崎灯台の写真（古河洋文氏 撮影）

稚児ひとり恐怖《おそれ》をしらず
ほほえみて海に対《むか》へり

と詠った。

安乗村は、ほとんどが漁業を生業として、人家が密集し、三重県でも人口密度の非常に高い村であった。

的矢の日和山

小的矢にある見晴らしの良い小高い丘、日和山を題材にした壷井栄のエッセイ、「伊勢の的矢の日和山」は、高校の教科書に採用された（尚学図書、国語一、昭和六十年）。日和山にある壷井栄の祖父の墓にまつわる事柄をエッセイとして著したものである。

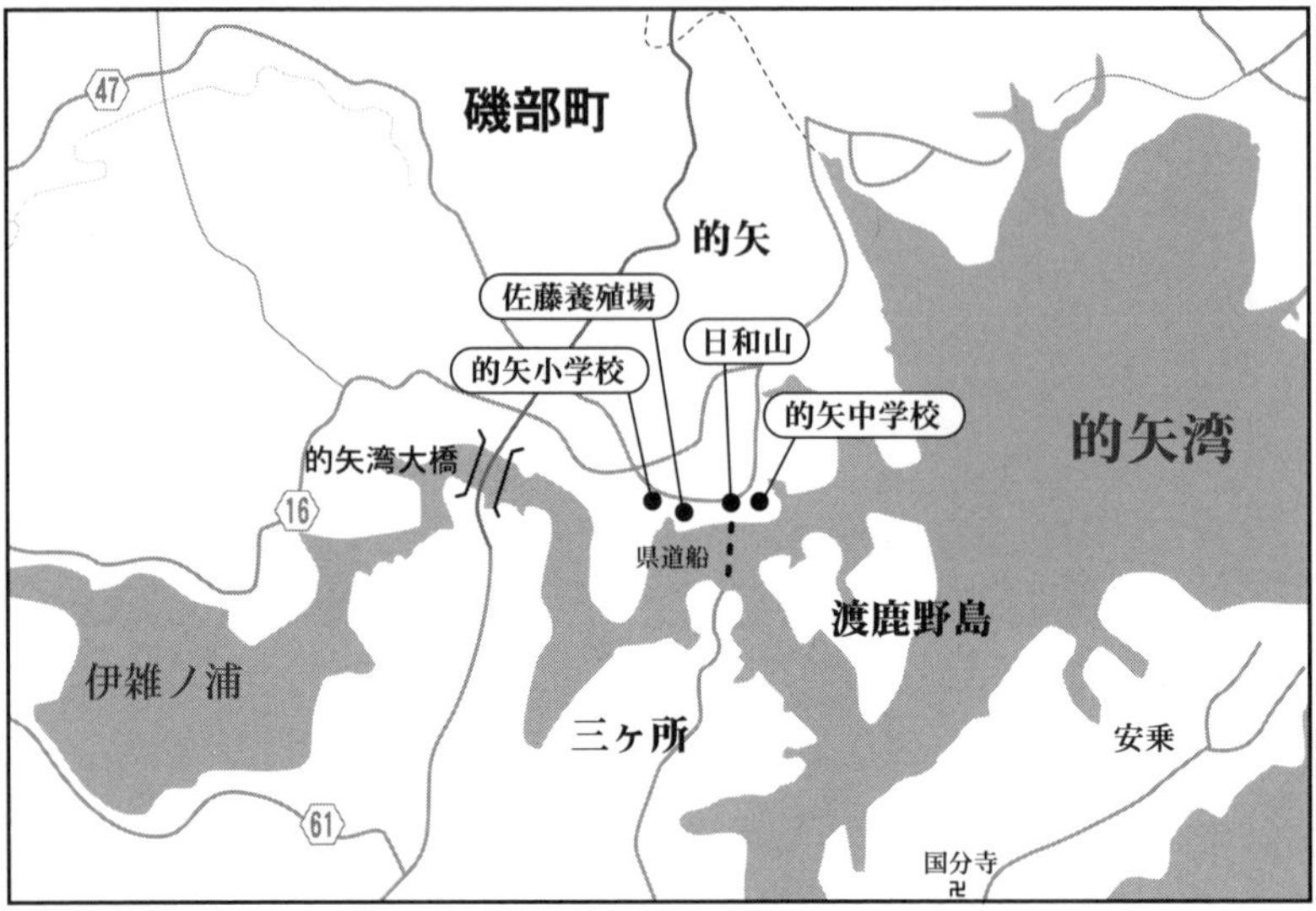

47
磯部町
的矢
佐藤養殖場
日和山
的矢小学校
的矢中学校
的矢湾
的矢湾大橋
16
県道船
渡鹿野島
伊雑ノ浦
三ヶ所
安乗
61
国分寺
卍

的矢湾とその周辺

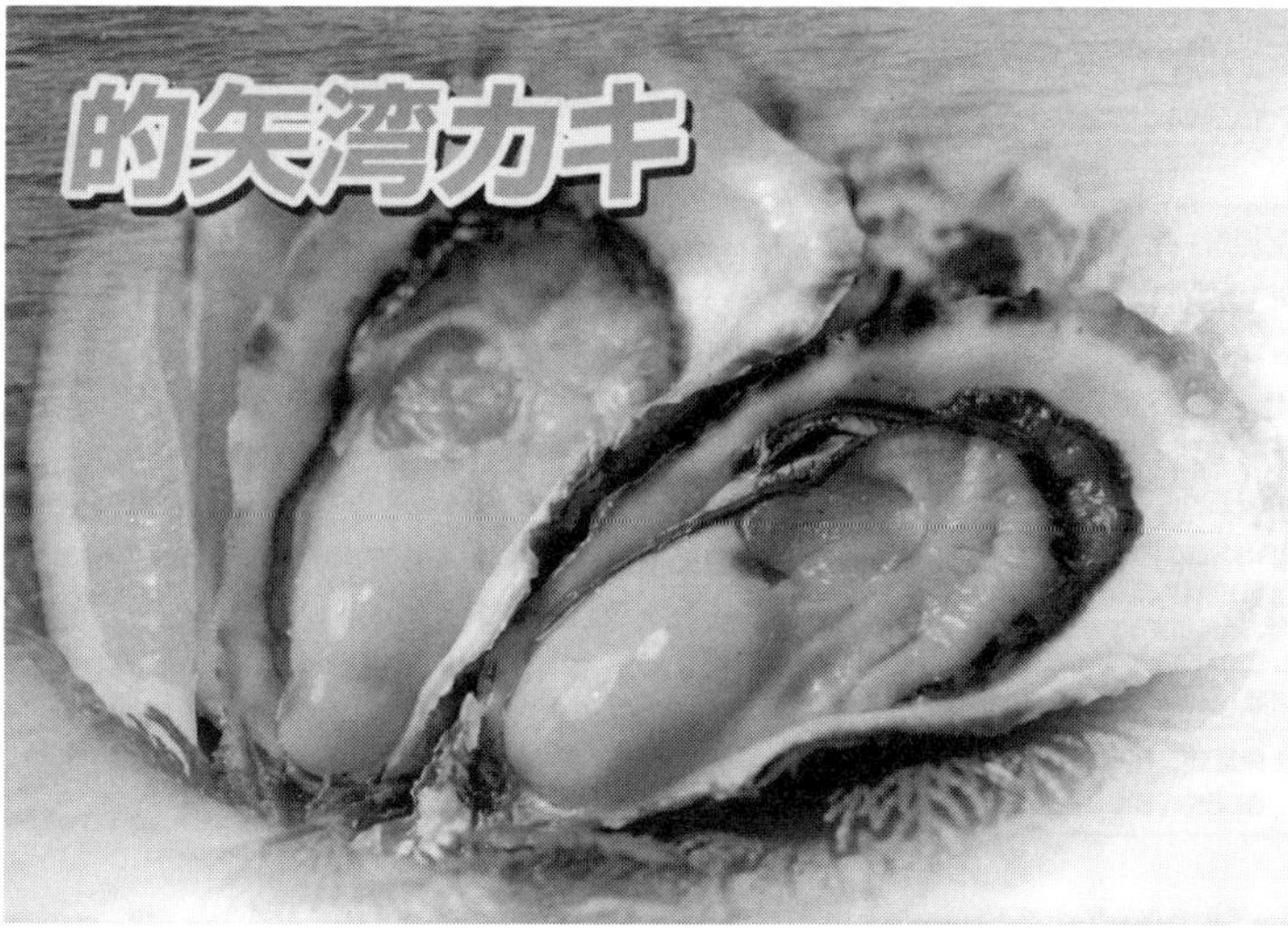

的矢湾牡蠣

的矢牡蠣と佐藤養殖場

的矢牡蠣は知る人ぞ知る的矢湾の名産である。私の名古屋大学学生時代、冬が訪れるころに名古屋駅近くの都ホテルの前を通ると、「本日は的矢牡蠣が出ています」という案内が出されていた。そのころの名古屋では二軒のホテル、東京でも名の通った十軒程度のホテルしか的矢牡蠣を扱っていなかった。

的矢牡蠣は、北海道大学水産学科を卒業した佐藤忠勇《ただお》が昭和の初期に的矢湾に住み着き、佐藤養殖場を設立して、牡蠣の垂下式養殖法（養殖筏から牡蠣をつりさげて養殖）、産直方式の販売方法を採用し、さらに紫外線滅菌浄化法を開発して、的矢牡蠣をブランドものに仕立て上げた。

紫外線滅菌浄化法は、牡蠣が短時間に大量の海水を体内に取り入れ排泄する習性を利用して、紫外線で滅菌した海水が循環する槽の中で、牡蠣の中の大腸菌を取り除き、安全に食することが出来るようにした方法である。

また、佐藤が設立した的矢湾養蠣研究所（私設）は、国連のＩＰＦＣ公認の研究機関になっている。佐藤養殖場は的矢小学校の近くにあり、佐藤さんが、ご厚意で牡蠣養殖の筏の一部を小学校に寄付して下さった、冬になり、牡蠣がおいしくなるころ、児童達が筏から牡蠣を引き上げ、それを剥いて身を取り出し、給食のみそ汁に入れて頂いた。そのおいしさは、今も忘れることのできない小学校時代の思い出の一つである。

文人

的矢出身の俳人、嶋田青峰《せいほう》は明治から昭和初期にかけて、俳壇「ホトトギス」などで活躍した。国学者で歌人の折口信夫は的矢湾を航行した時の印象を、「緑が両岸に迫り、あたかも川のなかを進んでいるよう」と述べているのを、何かの書物で読んだことがある。

白石一郎は、彼の小説「戦鬼たちの海」において、十六世紀半ば過ぎの九鬼嘉隆海賊衆と北畠海賊衆との戦いの舞台、的矢湾付近一帯の地理を、非常に正確に記述している。

北畠海賊衆の子分の一人に、向井正重《まさしげ》がいた。思うに、私は海賊、向井正重の末裔なのかもしれない。磯部町の伊雑宮《いぞう》の近くにある志摩高等学校の生徒は志摩半島一円から集まってきていて、同級生には向井姓が何人もいた。いずれも背が高く体格が良かった。海賊として生き抜いていく中で、自然に淘汰された結果なのかもしれない。

私は国内の観光案内書が信頼に足りるものかどうかを、伊勢志摩国立公園の志摩半島部分の記述の正確さから判断するのが癖になっており、白石一郎の小説の中の記述の正確さには感心した。

九鬼嘉隆はその後、織田信長に取り入り、九鬼水軍として名を馳せ、歴史に名を残した。出身地、大王町波切の遊仙寺は彼の菩提寺である。

国府《こう》村

三ヶ所の南に隣接する国府村は、その昔、志摩の国の国府（首都）であった。

村の北にある国分寺は、奈良時代（七四一年）、聖武天皇の一国一寺の詔により建立されたもので、ちなみに東大寺は総国分寺である。五月八日の花祭りは、卯月八日《うづきようか》といって、小学生時代、半日の休校が与えられ、三ヶ所から片道約四キロの道のりを歩いてお参りし、露店で買い物をするのが楽しみであった。

国府村の民家は、多くが高い槙の生垣で囲まれ、太平洋からの強い潮風や火災から民家を守っている。太平洋に面する「国府の白浜」は美しい白砂青松の砂浜が南北に延び、若者たちのサーフィンの場所として知られている。

また、古くから、隠居制度をとり、世代間夫婦の軋轢を少なくするよう工夫されてきた。

伊勢神宮

伊勢神宮のある伊勢市は、以前は「山田（正確には宇治山田市）」といわれていて、三ヶ所の片田舎から見れば、憧れの大都会であった。

小学校に上がる前と上がってからの二回、父に連れられて山田に行ったことを憶えている。一回目の山田行きでは、外宮の近くで、おもちゃの刀を買ってもらったばかりに、安心してそのまま父の背中で眠ってしまった。父は私を背中におぶって、内宮までを歩きとおしたのであった。

十二歳年上の姉には、母親代わりになって可愛がり、育ててもらった。そのためか、姉と弟との間の一種独特の情愛は、今も心に深く焼き付いたままになっている。大きくなって、万葉集に触れ、この姉と弟の情愛に関わる歌のあることを知り、私なりに心を動かされた。

姉は伊勢神宮の斎宮、大伯皇女《おおくのひめみこ》、弟は大津皇子《おおつのみこ》で、天武天皇の皇女と皇子である。

大津皇子は大柄で容貌も凛々しく、文武に優れ豪放磊落で人望も厚かった。しかし、反逆罪で捕らえられ、翌日処刑された。時に大津皇子二十四歳。その事件の直前に大津皇子は密かに伊勢の姉、大伯を訪ねていた。弟を大和に帰す時の大伯皇女の歌

我が背子を　大和へ遣ると　さ夜更けて　暁露に　我が立ち濡れし

は万葉集の第二期（おおらかさと力強さ）を代表する。愛しい弟を大和へ帰さざるを得ない悲痛な姉の真情が、「大和へ遣る」に表れている。また、弟を待ち受ける暗い運命を予感するような響きがある。与謝野晶子の詩、「君死にたまふことなかれ」の心情に通じるものがある。

三ヶ所の四季

先ず、私が生まれ育った三ヶ所の風土、とりわけ春夏秋冬について述べてみたい。的矢湾を含めて、志摩半島全体は比較的温暖な気候である。

春

春休み

春が来て終業式が終わると、春休みになる。私の心は浮き浮きと弾みだし、野山を駆けめぐりたい衝動のようなものに駆られる。実際、友達とミニマラソンを競い合ったり、「ちりんま」という直径数十センチの鋼鉄の輪を、太さ二、三ミリの鋼線の器具で転がしながら、野道を駆け巡った。

ミニマラソンは、集落の真中あたりからスタートして、道を南に向かって進み、集落を走り抜けて、そこからさらに一キロ余り行った「ひろ」という地点を折り返すものであった。小学校高学年の友達が寄り集まって、麦が伸び、田畑の畦が若草で覆われ始めたでこぼこ道を、飽きもせず、ほとんど毎

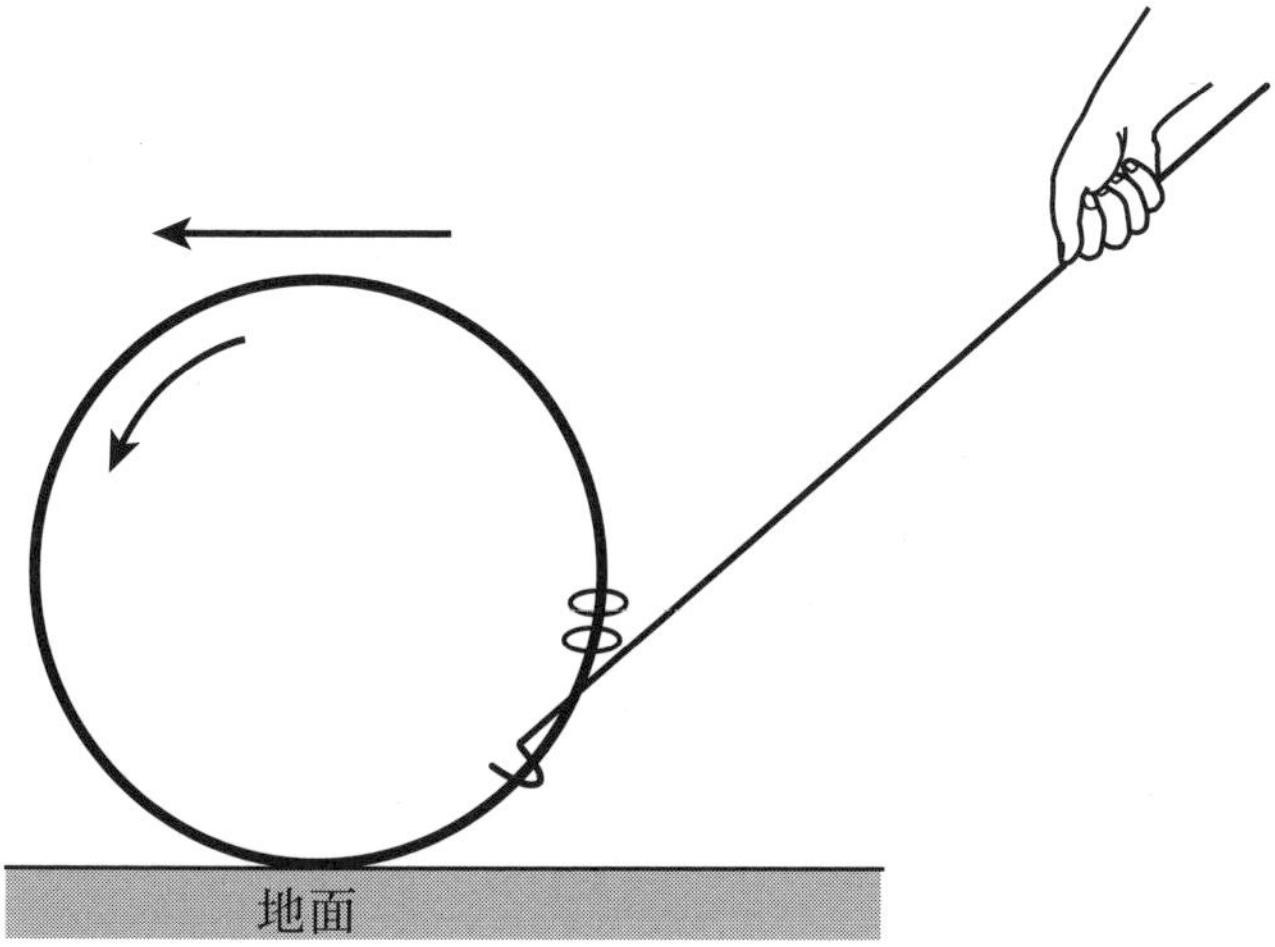

ちりんま

日のように走っていた。

「ちりんま」の鋼鉄製の輪は直径が三十〜四十センチほどの大きさで、その輪に直径二、三センチのやはり鋼鉄製の小さな輪が二個ほど通されていた。走りながらそれを転がして行くと、「ちりん、ちりん」と楽しく音を立てて鳴り、疲れを忘れて走り回った。

山桜

若葉が萌え始めた雑木林が、海辺に届くように茂る小高い山に沿って、朝早く舟をこいでゆくと、雑木林の間に山桜が見えてくる。海手から照りつける朝日に輝く山桜の風姿は清楚そのものである。三ヶ所を離れてからも、この景色を思い出すと、蕪村の、

海手より日は照りつけて山桜

の句が思い浮かび、今でも郷愁が募る。

小学校の卒業記念写真（前から３列目の左端から３人目が著者）

新学期

私は敗戦の翌々年、昭和二十二年の四月に的矢小学校に入学した。

入学して間もなく、学校にもまだあまりなじめないでいたころ、うららかな春の陽を浴びて職員室の前の花壇を一人でボーっと眺めていると、職員室から、若くて美しい鬼塚先生が出てこられて、

「この職員室の建物は、あなたのお父さんが建ててくれたのよ」

と言って下さった。子供心にうれしかった。改めてそれを見上げると、建物はガラス窓が多く、その窓に萌え始めた若葉が明るく映えて、まことに瀟洒な建物のように思われた。

的矢小学校は、敗戦後すぐに新築された。校舎の

建築には、父を始めとする的矢村じゅうの大工が、食べて行けないような安い給料で駆り出された。子供の教育のことであるので、大工さん達も、校舎が出来上がるまでは、義務のようにして一緒になって仕事に当たった。しかし、校舎が出来上がってしまうと、大工さん達はもっと実入りの良い造船所やイワシ網漁に雇われたりしていって、未だ出来ていない職員室と校長室の入る別棟の仕事には、もう誰ひとりとして行こうとはしなかった。ただ父一人が、

「楠宏が世話になる学校やから」

と言って、別棟の仕事に最後まで携わり、それを一人で完成させた。

その後、私が成長して、大学の仕事に曲がりなりにも就くことができるようになったのは、このような父の心のおかげであったのかもしれないと、幾度となく父に感謝の祈りを捧げてきた。

晩春から初夏

晩春から初夏にかけては、田植え時であり、麦秋の季節でもある。どこも、農作業に忙しく、小中学校は農繁休暇になった。休みはうれしいのであるが、田畑に出かけて農作業の手伝いをしなければならず、複雑な気持でもあった。

この地方の田は、ほとんどが、小高い山の間を階段状に造成してできた小さな田んぼの寄り集まりである。一番下の田んぼは海岸に面しており、その海岸は小さな入り江になっている。農作業や作物の収穫は、舟に乗って往き来して行う。畑は丘や小高い山の斜面を切り開いてできたものが多い。

野山の恵み

このころになると、田んぼや畑を囲む山々には、ぐみ、野いちご、やまももなどが熟れはじめる。農作業の暇を見ては、このような木の実、草の実を夢中になって採っては食べた。ぐみの蔓は棚状に密生しているので、そこに腰かけて食べるのであるが、食べ始めると止められなくなり、舌にはべったりとぐみの渋がついた。赤や黄の野いちごは、薄茶色の麦藁を編んで方推形のかごを作り、それに入れて楽しく食べた。やまももは、雑木がよく茂った山深い場所にあり、木に登って採って食べた。食べ切れなくなると、つい欲が出て、白シャツのポケットにも入れてしまう。たちまちポケットの周りは、やまもも色に染まる。家に帰ると、母に見つかってよく叱られた。

野山の花

食べるものだけでなく、野山には美しい花が咲き始める。山百合と呼ばれていたが、正確な名は分からない。灌木の合間に咲く清楚で可憐な花で、ほんのりと薄桃色をきざした白い花弁を持ち、かぐわしい香りを漂わせて、ひっそりと咲く。山つつじも同じように正確な名は分からないが、このつつじは、灌木の茂る日当たりのよいところを好んで咲き、静かに佇む風情がある。花は薄紫で、葉が出ないうちに群れて咲きはじめる。形容しがたい魅惑的な色合いの紫で、これほど好きな紫を、いまだに他には私は見ていない。

真珠養殖

海では真珠養殖の作業が始まる。

志摩半島での真珠養殖は、御木本幸吉が二十世紀初頭に、英虞湾の多徳島で真円真珠の生産に成功

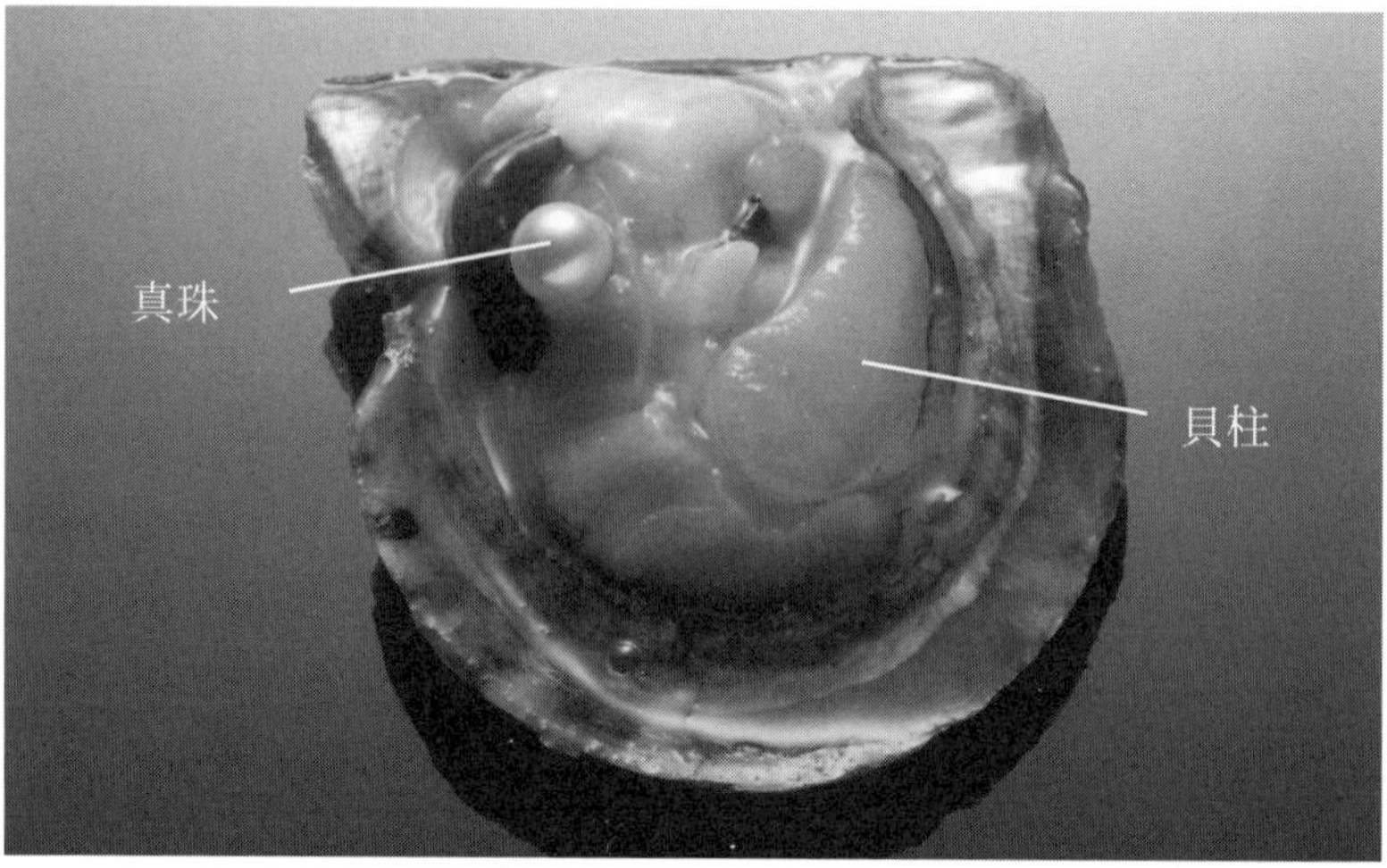

真珠（アコヤ貝）（写真提供：ミキモト真珠島）

したことに始まる。真珠を生み出すアコヤガイの養成には、海水温が十三℃以上ある波静かで、潮としが良く、水深の変化に富み、植物プランクトンが豊かな漁場が求められる。英虞湾や的矢湾はその条件をよく満たした好漁場である。とりわけ的矢湾は、伊勢神宮の石灰岩からなる広大な原生林をぬって湾奥に注ぐ磯部川の流れから、アコヤガイの生育に重要なカルシウム分が湾内に供給されて、より好適な漁場になっている。

カルシウム分の豊富な的矢湾は、前述の牡蠣の養殖にも適しており、佐藤忠勇が牡蠣養殖の漁場として、的矢湾に目をつけたのも、主にこのことにあった。ある時、佐藤さんが小学校で、児童達にこのような話をして下さったことを鮮明に覚えている。

アコヤガイに話を戻すが、冬期に海水温が十℃を下らない避寒漁場のあることもアコヤガイの養成には必須の条件である。的矢湾でも、冬の寒い間、南の暖かいところに避寒させておいたアコヤガイを、湾内に運んできて育て、晩秋から初冬の寒くなるころに、再び南の暖かい海に移動させる。この作業を毎年繰り返す。

真珠養殖場では、春先から、直径十センチほどの丸太を針金で結んで、真珠かごを海に吊るすための筏を組み立てたり、筏の浮に使うドラム缶や、アコヤガイを入れて海に吊るす鉄網状の四角い真珠かごを、コールタールで染める作業が始まる。その筏を海に浮かべ、筏が流されないように錨で固定する。晩春の頃までには、真珠かごを筏に吊るす作業が終わる。

アコヤガイの漁場への設置作業が終わると、次いで、貝への核を挿入する作業、核入れが始まる。核の材料は、主に、アメリカのミシシッピー川に生息するイシガイ科の二枚貝を真球形に削ったものである。真珠養殖場の海べりの風通しの良いこぎれいな建物のなかで、机の上に置かれたアコヤガイに、椅子に座った若い女性たちが神経を張り詰めて核を挿入していく。まれに男性も作業することがあるが、殆どが女性である。核入れの技術が優れていると、その後のアコヤガイの生存率が高くなるので、腕の良い娘さんの給料は当然のことながら高くなる。

魚釣り

晩春から初夏、秋口にかけては、子供たちの魚釣りも盛んにおこなわれる。

釣竿はほとんどが手製である。雑木林の竹やぶから直径一センチ余りの矢竹を切ってきて、それに凧糸で細工をほどこし、竹竿の先の凧糸とテグスを結びつける。テグスの先に釣り針をつけ、釣り針から数十センチのところに、ナイフで適当な大きさに切りだした鉛の塊をつける。鉛の塊にナイフで切り込みを入れ、切り込みにテグスを挟んでから鉛を歯で噛んで固定する。買うものといえば、テグスと釣り針ぐらいで、鉛は買ったのか、鉛を大量に持っている漁師の家の友達にもらったものか定かでない。

海岸から離れた沖釣りの場合は、何人かの仲間と小舟をこぎ出し、魚の釣れそうなところに錨を投げ入れて船を固定したり、真珠養殖筏に係留して釣り糸を垂れる。

沖釣りもずいぶんしたが、ほとんどいつも私だけが釣れない。ほかの仲間が気の毒がって、

「くっちゃん、場所を替わったろん」

と言って、釣れる場所を譲ってくれても、そこでも釣れない。そんなことが何度も続くうちに、自然に私は魚釣りから遠ざかっていった。

一度だけ、集落から山を一つ越えた海岸で釣りをして、自分にしては良く釣れた思い出がある。初夏を迎えるころ、学校から帰ると、所在なさに釣りに出かけた。想いのほか、べらが沢山釣れた。未だ釣れそうであったが、日暮れが近くなってきた。家に帰るには、山を越えて途中にある稲荷さんの前を通らなければならない。稲荷さんの狐が、好物の生魚を取ろうとして悪さをすると聞かされていたので、何にしても、日が暮れる前に釣った魚を持って、険しい坂道を通り過ぎなければならなかった。無事家に帰り着いて、夕飯には、母がいそいそと、べらを煮つけにしてくれた。

初夏の的矢湾

山々では、あちこちでみんみん蝉が鳴きはじめる。この蝉の声を聞くと、本格的な夏の到来が近いことを身体で感じるのである。山は新緑で埋まり、空と海は青く染め上げられて、このころの的矢湾は、佐藤春夫の「望郷五月歌」の一節、

空青し山青し海青し
日はかがやかに
南国の五月晴れこそゆたかなれ

の表情を見せる。

初夏の的矢湾（著者 画）

志摩半島は、平たい海底が隆起したあと、浸食により谷ができ、海に連なるところができ、そのあとで、再び沈降が始まった典型的なリアス式海岸の半島である。そのため、陸地に高い山はなく、数十メートル以下の小高い山や丘が連なる。海に出て空を仰ぐと、その空の広さをつくづくと実感する。

夏

貝掃除

真珠玉になる核を体内に入れられたアコヤガイの表面には、海草、牡蠣、フジツボ、ホヤなどが付いてきて、貝の成長を妨げる。貝掃除は、この表面についた海草などを鋼製の包丁ではぎ取る仕事で、体内の核が光沢のある真珠になるまで、アコヤガイが死ぬことなく成育していくための大切な作業である。真夏の海の筏の上に、切妻状のテントで作った屋形を作り、そのなかに作業台を置いて椅子を並べ、主に女性の作業員達が座って作業にいそしむ。私は高校一、二年の時に、筏から真珠かごを上げ、作業台まで運び、きれいに掃除されたアコヤガイを再び筏につるす作業のアルバイトをした。夏の真っ盛りのときでも、涼しい海風の中の作業であるので、暑さが苦になるようなことはなかった。

夏休み

夏休みが近くなると、学校からは水泳の許可が言い渡される。学校から帰ると、競うようにして海辺に走り、海に飛び込んで泳ぎ始める。

夏休みになれば、日がな一日、夢中になって泳ぐ。まさに、童謡「春の小川」の一節、

　今日も一日　日向で泳ぎ

の世界であった。泳ぎ続けて身体が冷えてくると，舟の上に寝そべって甲羅を干した。速効対策の一つに、日が当って熱くなった海辺の石垣の石に唇を押しあてるやり方があった。冷えて紫色になった唇を紅くするためである。紫色の唇が上級生や大人に見つかると、水泳を中止して海から上がらなけ

ればならなかった。また、岸辺に引き上げられた廃船に溜まって温かくなっている雨水に浸かるという方法もあった。濁ってボウフラがわいていたが、そんなことにはかまっていられなかった。対策が功を奏して温まるとまた泳ぐというサイクルをくりかえした。

海に慣れ、水泳がうまくなってくると、海に潜れるようになる。海の底の石を拾い上げたり、海の中の石や石垣についている海藻を採った。それを家に持ち帰って、母に料理してもらうこともしばしばであった。

海辺には、長さ数メートル幅一メートル余りの漁船や手漕ぎの舟（「ちょろ」と言っていた）がいくつも係留されていた。最初はちょろの底を横に、すなわち横断して潜ることから始めた。それが出来るようになると、今度は縦に潜ることにトライし始める。潜っている途中で息があがってしまったら、浮き上がろうにも、舟の底に頭をぶっつけてしまうので、命にかかわることになる。それを想うと、この潜りには勇気が要ったが、やってみると案外簡単に出来た。

泳ぎはじめのときには、どうしても浮輪の類の補助具を使わざるをえない。そんな時には、係留されている舟の中の板子《いたご》を無断で外して、補助具とすることが多かった。そのことが舟の持ち主に見つかれば大目玉である。特に、漁船の場合、漁師達は験《げん》を担ぐことが多く、舟に乗りこむだけでも、いわんや舟の中の漁具をまたいだり、踏みつけたりしようものなら、それが見つかった時にはただでは済まなかった。

漁師の中でも、「鯛漁師」は特に厳しかった。的矢湾から外洋に出て、陸地が見えなくなるような沖を舞台に、鯛を釣る漁師で、鯛漁師と呼ばれていた。本人達もそのことに誇りを持ち、腕のよい漁師たちであった。わずか、二、三馬力のエンジンを搭載しただけの小さな漁船に乗りこんで漁をするのであるから、とりわけ天候を的確に判断出来ることは、命にかかわる大切な能力であった。秋が深まるころ、ある腕の良い漁師が、

「あと二、三日もしたら、富士山が見えるやろ」

と言っていたのを憶えている。実際、早朝、日の出前に、的矢湾の入り口から富士山がはっきりと見えたというのである。

泳ぎ疲れて、夕飯もそこそこに済ませると、這うようにして蚊帳のなかに入って、そのまま寝入ってしまう。こんな毎日が夏休み中続く。

ただ、小学生の水泳の安全を守るため、いくつかの細かい規則が決められていた。雨が降った翌日の水泳は禁止、おなかの調子が悪い時もダメ、食事の後一時間は経たないと泳いではいけない。また、小学生が泳ぐときには、見張り役が、大人であれば一人以上、中学生の場合には二、三人以上、小学六年生ならば、五、六人以上いなければ、泳いではいけなかった。これらの規則を破れば一週間の水

泳禁止など、罰則も決められていた。しかし、何回も規則を破って、罰則が重なっていくと、その児童は夏休み中泳げなくなってしまう。そのような悪くろ坊主はしかし、その罰則さえも守らずに、また泳ぎ始める。ただ、それ以上の罰はなく、その程度の緩い罰則でもあった。

母達の夕涼み

薄暗がりの中の夢のような記憶として浮かび上がるのであるが、二、三歳のころであろうか、母を含めて隣近所の母親達が夕涼みに集まってきて、私の家の前の縁台に座り、子供を膝の上において、それも上半身裸になって談笑していた。今となっては、他のことはほとんど浮かんでこないが、何故だか、母達の豊満なおっぱいだけがありありと思い出される。

天王祭

私が物ごころつく頃から、渡鹿野島の夏まつり、天王祭は、的矢湾沿岸の集落の人々の大きな楽しみであった。昼間は昼花火、夜になると百発以上の色とりどりの大小の花火が上がり、居ながらにしてみることができ、大人も子供も祭の日を心待ちにしていた。

私の斜め向かいに、竹馬の友、山川守君の家があった。お父さんは、山川新枝《あらし》、お母さんは山川春という珍しいともいえる名前が組み合わさったご夫妻であった。ちなみに、私の母はあき、道を挟んで西隣の鍛冶屋の奥さんの名はふゆであった。

守君の弟の一人に、六生《りくお》君がいた。天王祭は、お金のある男性の大人には、夜になって遊郭のある渡鹿野に遊びに行くという別の楽しみがあった。新枝さんはそのような人ではなかったが、六生君がどこからか聞きつけてきたのであろう、お父さんに、

「父ちゃん、渡鹿野へ行ったら、ひとつでよいから、おやまさんを土産に買ってきて」

と言って、大笑いされたそうである。この地方では、遊女のことを、「おやま」と言っていた。春さんは私の家に来てまで、六生君の話をして、母達と笑い合った。私は、どうして大笑いするのか、よくわからなかった。

晩夏

盆が過ぎて、八月の下旬に差し掛かると、朝夕はめっきり涼しくなる。昼間でも、過ごしやすい日が続くようになり、子供たちは自然と海から遠ざかって、泳がなくなっていく。

ツクツクボウシが鳴きはじめ、精霊蜻蛉と言っていたが、赤い小ぶりの蜻蛉が群れをなして飛び始める。ツクツクボウシが鳴く頃になれば、柿が食べられるようになると教えられていた。ほとんどの

柿の実はまだ青いままであるが、その中に、「あん柿」といって、なかに紫色の点々が入っているのがあり、それは見た目は青くても、甘くて食べられる。熟柿になるのを待ち切れずに、実の青いうちから柿の木に登って、それを見つけては食べていた。

畑のトマト、きゅうり、なす、などの野菜は軒並みに末枯れて、畑は荒れ模様に、見る影もなくなる。ただひとつ、唐辛子だけが、濃緑の葉蔭に真っ赤な実を覗かせて、畑の隅で頑張っていた。このころになると、畑の畦に植えてあるトウキビの葉がよく茂り、伸びた葉が秋風に、さわさわと鳴り始める。その音を聞くと、もう夏が終わるのだという寂しさが、ふーっとこみ上げてくる。そして、学校が始まり、自由に遊べなくなるという無念さの混じった気持ちも持ちあがってくる。

秋

台　風

九月になると、しばしば台風に襲われた。台風の来る前には、よく「油照り」と言って、異様とさえ言いたくなるほどの暑い日があった。油を流したようなべた凪の海面には、さざ波一つ立たず、九月になって低くなりかけた太陽を反射して、ぎらぎらと照り輝く海面が、よけい暑さを掻き立てた。

宵のうちから夜なかにかけて襲ってくる台風に激しいものが多かった。一日、二日前の夜になると、数キロ離れた国府の浜に打ち寄せる波の音が、ゴーゴーと聞こえてくる。村人は、

「国府の浜が鳴り始めた」

と言って、台風の襲来に備えた。国府の浜は、先述のように、太平洋に面して、普段は白砂青松の美しい浜であり、小学校一年生が毎年秋の遠足で訪れるところであった。

台風の襲来と満潮の時刻が重なることも多く、集落の多くが高潮の被害にさらされた。床上、床下浸水に始まり、物置小屋や鶏小屋が遠くまで流された。海岸に面した田んぼや畑は塩害を受け、真珠養殖の筏もいくつも流されて、養殖しているアコヤガイのかごが海底に沈んでしまう被害に遭った。しかし、私の知る限り、人の命にかかわるような被害は一件もなかった。

小中学校へは、三ヶ所から小中学校のある対岸の的矢へ手漕ぎの舟で通っていたので、台風が来ると休校になることが多かった。台風が夜から朝にかけても続けば、間違いなく休校になった。夜のうちに過ぎてしまえば、微妙なところで、学校が休みにならないこともあった。子供たちは、大人の心配も理解せずに、台風が来て学校が休みになることを願う気持ちを、少なからず持ち合わせていた。

栗や椎の実が熟れるころに来る遅がけの台風には、ある種の期待、すなわち、台風が過ぎた後の栗拾い、椎の実拾いの楽しみがあった。私が小学校四年生のころであったが、台風一過の朝、二つ年上

の友達に誘われて、彼が知っている栗山に行った。思いのほか沢山の栗を拾うことができ、シャツを脱いでそれを風呂敷変わりにして、栗を包んで、意気揚々と帰ったことを今でも懐かしく思い出す。その場所を知っている小学生は他にも居たと思うが、私達が一番乗りをした結果だと思っている。

海女さん

真珠養殖が最盛期の頃は、的矢湾を埋め尽くすように真珠の養殖筏が浮かび、筏は三ヶ所の集落の海岸近くにまで来ていた。

台風に襲われて、筏に吊るされた真珠の養殖かごが海の底に落ちてしまうと、筏の持ち主は、的矢湾内に海女は居なかったので、余所から雇ってきて、そのかごを拾ってもらっていた。

ある日、台風で学校が休みになり、退屈だったので海岸に出かけ、石垣に座って海を見てみると、海女さんが潜っていた。海底に沈んだ真珠の養殖かごを探して拾い上げる作業である。その頃の海女さんは白い腰巻と上着をつけているだけで、それ以上の下着はつけていなかった。潜るたびに、くるっと回って、お尻を突き出し、頭から海の中に潜って行く。下着を着けていない海女さんのお尻が珍しかったのであろう、私は飽きることなく見入っていた。海女さんも私が見ているのに気がついていたようであるが、別にとがめるでなく、黙々と作業を続けていた。

野山の恵み

秋たけなわになると、栗や椎の実だけでなく、うべやあけび、秋ぐみなどを採る楽しみが待っていた。甘いものに乏しい時代だったので、うべやあけびは甘さを補う貴重な果物だった。子供たちはそれぞれが、うべやあけびのあるところを秘密に持っていて、自分だけの楽しみにしていた。このような訓練のおかげもあったのか、結婚して授かった都会育ちの子供たちを連れて、秋の山へハイキングに行くと、私にはうべやあけびのありそうなところが、勘のようなもので察知できて、子供たちに喜ばれた。

山遊び

秋には、山遊びをよくした。蚊や毒虫が少なくなり、生い茂った下草などの勢いがなくなって、山に入りやすく、動き回りやすくなるからである。椎の木林には、下草がほとんどなく、邪魔な、つたなどのつる草もまつわりついていないので、登って木から木へ渡る追いかけっこがやりやすかった。

ちょうどそのころ、山川黎治《そうじ》の「少年王者」が小学生達の心を虜にしていた。アフリカの密林で、短剣一つを武器にして、密林の悪に敢然と立ち向かい、戦い抜く姿はあこがれの的であった。少年王者、真吾がどんな声を上げて密林を駆け巡っていたのか、知る由もないが、子供たちは思い思いに大声を出して、遊びにふけった。

ある時、私は父に、

「お父さん、真吾はすごい。十メートルも離れている土人の草屋根から草屋根へ軽々と飛び移って行くんや。」

と得意になって話すと、父は、

「楠宏、それは作り話なんや」

と言うだけで、取り合ってはくれなかった。

秋の遠足

小学校一年生の時の担任は、美人の愛くるしい女性、水野先生であった。入学してからしばらくは、学校の帰り、水野先生が三ヶ所と渡鹿野の生徒を船着き場まで送って下さっていた。先生に手を引いてもらって歩くのがうれしかった。

水野先生に連れられて、国府の浜に秋の遠足に行った帰りに、たまたま、国府小学校の運動会を見学する機会があった。疲れていたので、私は友達とはしゃぐ気持ちにもなれず、じっと静かに運動会を見つめていた。他の同級生はまだ元気いっぱいで、大きな声でしゃべったり、小競り合いをしたりして、賑やかなことこのうえなかった。しばらくして、水野先生が、

「皆さん！楠宏さんのように、おとなしく、静かにしていなさい。」

と、私を指差して、みんなに注意された。その時私はわけもわからないままに、本当にうれしくなった。

音楽の時間には、水野先生がオルガンを弾いて、童謡や唱歌を教えて下さった。ある時、先生は、良く知られている童謡、

おかあさん、おかあさん、どこにます、あそこです、あそこです、あそこにます

を教えて下さった。歌の途中で、先生は、

「楠宏さん、楠宏さん、どこにます、あそこです、あそこです、あそこにます」

と、私を指差しながら、歌い始めた。同級生達も仕方なく、先生に習って私を指差して歌った。私は、その日、学校が終わってからの帰り道や、家についた後も、夢を見ているように楽しく、幸せな時間を過ごした。私には、水野先生が初恋の人だったのだろう。

運動会

秋になると、学校の大きな行事、運動会が小学校の運動場で行われる。小中学校合同で、それに三

つの集落の青年団も加わる。付近の山を切り崩して運び出した土砂で干潟を埋めただけの狭い運動場で、地面には石ころが露出して、ころべば怪我をするようなところに、石灰でトラックを一つ描いただけの競技場であった。一番の思い出であり、緊張したのは、背の高さの順番に組分けされた五、六人が一組になって行う徒競走であった。私はいつも一番背の高い組で、足の速いライバルが一人いたが、彼にさえ負けなければ、一等になり、褒美にノートや鉛筆、消しゴムがもらえた。

運動会が始まる頃になると、運動会で女子が踊るダンスの曲がスピーカーに乗って、秋晴れの丘や入江をいくつも越えて、手伝いをしている畑や田んぼにまで聞こえてきた。女子は放課後に幾日もダンスの練習をして、本番に備えた。

運動会が終わると、よく運動会ごっこをして遊んだ。地下《じげ》の浜の一隅に砂場があり、そこを使って、走り幅跳びや走り高跳びをした。

地下の浜は、三ヶ所のほぼ真中にあるお寺の石段の下に広がるちょっとした広場で、盆踊りや映画の上映、旅芝居の舞台などに使われた。

集落の道を使えば、徒競走もできた。日が短くなってきた秋の日の午後を、学校から帰って日が暮れるまで遊び呆けた。その頃の集落の道は、自動車はもちろん自転車さえも、ほとんど通らなかったので、子供たちの格好の遊び場になった。

晩秋から初冬

真珠の浜揚げ

アコヤガイに挿入された核が、真珠の色調と光沢を十分に備えたものになっているかどうかを、試し剥《む》きで確かめた後、ナイフで貝柱を切って貝殻を開き、貝の身を剥いて、貝肉から真珠を取り出す。すなわち浜揚げ作業である。

真珠の光沢は、秋から冬の間によくなると言われているので、的矢湾では、主に十一月から十二月にかけて盛んに行われる。

切り取った貝柱は、ちょうど勾玉《まがたま》の形をしており、醤油で煮ても、粕漬にしてもおいしく、私の好物である。志摩半島では土産物としても売りに出されている。

また、アコヤガイの中の表面膜は、きれいな玉虫色をしており、これを削りとって何かに効く薬として使われていたように記憶している。

お宮の祭り

三ヶ所の氏神を祭るお宮は、里の北端の海に突き出た小さな森の中にある。森の下の海岸は県道船の船着き場になっている。

お宮の行事の中では、正月が最大のお祭りであるが、小、中学生達が一番待ち焦がれていたのは、十一月上旬の祷《とう》式祭であった。その年のお宮の当番に当たる何軒かのグループは祷屋《とうや》と呼ばれていた。祷式祭の日の朝、祷屋は登校前の小、中学生達に甘酒を振る舞うことになっているからである。ようやく寒くなり始める頃の朝、子供たちはお宮で甘酒を存分に頂いてから、手漕ぎの県道船に乗って学校に向かうのであった。

ある年の甘酒はしかし、甘さがほとんどなく、むしろ苦い味がした。それでも子供達は喜んで「甘酒」をいただき、学校へと向かった。しかし、小学校の校舎にまではたどり着いたものの、多くの子供達は顔を赤くして、バタバタと廊下に倒れこんだ。酒に酔ったのである。原因は、その年の祷屋が甘酒の造り方を間違えて、どぶろくの混じった甘酒を造ってしまったからである。そのあと、小学校の校長先生から、祷屋に厳しい苦情が寄せられたのは言うまでもない。

夜遅くのお使い

晩秋になると、日暮れが早くなり、夜の八時過ぎにはもう、子供達はほとんど夜中に近いように感じていた。そんなある晩の遅くに、母から、少し離れた伯父の家にお使いを頼まれた。用事を済ませて、静まり帰った暗い夜道を急ぎ足に歩いていると、ある家からお母さんらしき人の泣いているのか、喜んでいるのか分からないような声が聞こえてきた。その時はあまり気にもならなかったが、記憶だけはいつまでもずうっと残っていた。今思えば、その家の夫婦は大変仲睦まじかったのであろう。

にっきりぼし

晩秋から初冬にかけては、「にっきりぼし」作りが盛んになる。大きな畑仕事は、十一月半ばごろまでの芋掘りで終わる。戦後のさつま芋は、米の不足分を補う重要な食料であり、しばらくはその一部を、政府に供出もしていた。

掘ったさつま芋を水の入った桶に入れて、洗濯板のような板切れを回してごしごしと洗う。洗ったさつま芋を、大きな釜に入れて茹で上げる。その一つ一つを、長さ二十センチ、幅一、二センチほどの竹片の両端に糸を張って弓のようにした器具で、さつまいもの中心部を通るようにして切り分ける。切り分けた芋を莚《むしろ》に並べて、天日干しにする。干された芋は、晩秋、初冬の爽やかな日差しを受けて、幾日かすると飴のような甘みが出て来て、透き通るような美味しそうな色合いになり、「にっきりぼし」ができ上がる。

隣家の女主人こまつさんは、にっきりぼし作りに精を出し、ほとんどを売りに出していた。ある日、私は学校が終わって、友達と遊びで走り回り、おなかが空いてたまらなくなっていた。こまつさんの家の前を通ると、莚の上ににっきりぼしが美味しそうに干してある。誰かがついに手を出して、取って食べ始めた。他のものもそれに続いた。私もその一人だった。何事もなかったように家に帰ると、母が凄い形相で、

「楠宏！今日お前、悪いことをしなかったか、悪いことをすればだれかが必ず見ているんやぞ」

と言って、私をにらみつけた。私はにっきりぼしの一件を素直に白状した。その日、家に居て針仕事をしていた母は、障子の隙間から、隣家の庭での私達の悪行の一部始終を見ていたのである。

母の添い寝

私は小学校六年の頃まで、父と一緒に寝ていた。秋が過ぎて寒くなり始めた頃、たまたま、父がいなくて、母が一緒に寝てくれた。寒い時には、父が私の両足を股に挟んで温めてくれていた。母にも同じようにそのことを頼むと、母は、

「そんなこと、いやや」

と強く言って、背を向けたまま寝てしまった。私には、母のその態度がどうにも解せず、悲しかった。というのも、母が私に注ぐ愛情の大きさ、深さは、子供心にも身にしみて感じていたからである。

たとえば、私が小さなガラス瓶を口にくわえて遊んでいるうちに、飲み込んでしまったのか、どこかに捨ててしまったのか分からなくなったときのことである。母は飲み込んでしまったものと思い込んで、すぐに、日が傾き始めた時刻にもかかわらず、私をおぶって歩いて、十キロメートル近くも離れた志島村の占い師に、ガラス瓶がどこにあるのかを占ってもらいに行ってくれた。帰った後も、仏壇に向かって、お祈りを繰り返していた。一事が万事で、小学校に上がるまでの私は虚弱児で、しょっちゅう風邪をひいたり、熱を出していたが、その時の母の心配のしようは尋常ではなかった。それとともに、一人前のしっかりした大人になってもらいたいとの一念から、元気に育ってくれるよう、健康の大切なことを、また、常日頃から行いを正しくして、心を強く持つことなどを、事あるごとに優しく、時には厳しく諭して、接してくれた。

メジロ捕り

冬休みに入ると、仲好しの上級生から、メジロ捕りによく誘われた。まず、その年に伸びた梅の枝、長さが一メートル、太さ五ミリほどの緑が鮮やかな棒状の枝を切ってくる。次に、もちの木の皮を剥いで金づちで砕き、それを水の中で繰り返し引き延ばして、砕かれて小さな粒状になった不要な皮を分離して、緑色のねばねばした餅の部分を取り出す。それを梅の枝一面にていねいに塗りつける。志摩半島では、十二月になると、山椿が咲き始める。葉っぱがついた椿の花を、捕りもちを塗った枝にくっ付ける。囮のメジロを入れた鳥かごと捕りもちの枝を持って、メジロの居りそうな雑木林に出かける。畑の縁やけもの道の日当たりのよさそうなところを選んで、鳥かごともちの枝を、ウバメガシや椿の枝に、できるだけ自然な形になるようにセットする。十メートルくらい離れて、隠れるようにしてメジロの来るのを待つ。来ない時には、口笛でメジロの鳴き声をまねて、メジロを呼び寄せる。メジロが囮に誘われて、鳥かごの近くの捕りもちの枝にとまると、突然くるっとひっくり返り、蝙蝠のようになって、足をもちの枝にくっつけた状態で逃げられず、バタバタしている。素早く走り寄って、そのメジロを捕まえる。

その上級生は、よその畑の中のなかの、ようやく色づき始めた夏ミカンを、黙って失敬するという悪いことも教えてくれた。その頃の夏ミカンのほとんどは、しかし、品種の改良もされていない野生のままのようなものであったので、汗がにじみ出るほどに酸っぱくて、よほどおなかがすいていないことには、わざわざ採って食べようと言う気にはなれなかった。

小中学生の間には、このようにして捕まえたメジロを飼って、鳴き声を競わせる遊びが流行っていた。彼らは、竹を切りだして自分で鳥かごを作るだけでなく、メジロの餌、擂《す》り餌を作るすり鉢やすりこぎなどもすべて、自分で作っていた。

私も、もちの木の皮を剥いで、捕りもちを作ったことがある。ある上級生から、その捕りもちを便所などの臭い所に置いておくと、粘り気がもっと強くなって、良い捕りもちができると教えられたので、それを便所に大事そうに置いておいた。父がそれを見つけて、いぶかしげに私に尋ねるので、

「捕りもちをもっと良く粘るようにするためにやっているんや」

と大真面目に答えた。父はそのことを母にも伝え、二人は笑い転げた。

冬

牡蠣剥き

年の暮れから正月が明けて二月を迎えるころまで、的矢湾では養殖牡蠣の収穫が盛んにおこなわれる。牡蠣は殻に入ったままのものを出荷するか（殻牡蠣《がらかき》と言っている）、身を剥いて剥き牡蠣にして売りに出す。

牡蠣剥きは、日当たりのよい海岸べりのバラックで、女性たちが水揚げされる牡蠣を手際よく剥いて、殻は後ろの山際に放り投げる。放り投げられた白い殻は山をなす。

冬の的矢湾（著者 画）

浮島

正月が過ぎ、冬休みが終わると、志摩半島にもいよいよ寒い冬がやってくる。冬の寒さで朝起きるのが遅くなり、生来ののろまが重なって、いつも登校のための出発時刻ぎりぎりまで家の中をうろうろしていた。すでに、大勢の友達が、

「くっちゃん、いこや！」

と言って誘いにきており、家の前は、毎日友達の遊び場になって、賑やかなことこの上なかった。

県道船に乗って、的矢の船着き場の少し前まで来ると、東の方に的矢湾の入り口が見えてくる。晴れた寒い日には、菅崎の突端がはっ

きりと見え、先端部に、たてがみのように並んで生えた松林が、明け初めた東の空を背に、シルエットのように浮かび上がる。菅崎の先端にはさらに、三角形の小さな島が、むしろ岩と言った方が良いのかもしれないが、浮かんでいる。寒い冬の朝にはそれが、海面から浮かび上がっているように見える、すなわち、浮島現象が現れる。

小学校高学年になって、光は空気の温度によって屈折率が変わることを学んだ。畑へ行く途中に、水を抜いて干上がった田んぼに積みあげられた稲藁にもたれて、浮島現象の理屈をずーっと考えていたことを憶えている。仕事をさぼろうとの魂胆が無かったとは言えないが、その理屈がわかった時は、なにか科学者の卵にでもなったような気がして、うれしかった。

あさり掘り

年明けから春先にかけては、潮干狩り、とくにあさり掘りが盛んに行われた。集落の近くの磯でも結構採れたが、磯伝いに遠くまで行ったり、舟に乗ってもっと遠くまで出かけたりすることも多かった。

ある時、おばちゃん達と舟に乗って、これまであまり行ったことのないような遠くの磯に連れて行ってもらった。そこはまだ手がつけられていないようで、あさりがよく採れた。私は波打ち際から山の方に向かって、夢中になって掘り進んだ。腰が痛くなって、ふと顔を上げると、異様なものが目に飛び込んできた。それがどういうものか、見当もつかなかったが、突然、心臓だけがドキドキと高鳴りだした。少しして、落ち着いてからよく見ると、一人のおばちゃんが、私のいる波打ち際にお尻を向けて、立ち小便をしていたのである。女性の大切な部分が丸見えのまま、私の目に入ってきていたのである。見ているものが何かわからないのに、心臓があのように高鳴ったのが不思議でならなかった。

西風

冬になると志摩半島では、西北西の風、西風と呼んでいたが、それが日がな一日吹くことが多くなる。雑木林はごうごうと音を立てて鳴り、集落の中を通る細道には砂ぼこりが舞い上がる。学校から帰り、両親が働きに出て誰もいない家で、一人冷たい昼ご飯を食べていると、身体も、心も冷えてしまう。食後のしばらくは日当たりのよい縁側に出て、じいっと物思いにふけって、時間を過ごすことが多かった。

夜になっても、西風が吹きやまないときには、お宮の森の鉄柱が一晩中うなり続けた。この鉄柱は、的矢の船着き場の鉄柱から海の上を越えて張り渡した電線によって、三ヶ所に電力を送るために作られたものであった。

学芸会

学校では、学年最後の行事、学芸会が行われる。私は、演技や歌など、本当に苦手にしていたので、学芸会はあまり楽しいものではなかった。しかしなぜか、演劇では、ほとんどいつも、主役が回って来て、学芸会が終わるまでは、そのプレッシャーに付きまとわれて、早く終わるのを心待ちにしていたように思う。

学芸会が終わるとしばらくの間、女の子たちは、日当たりのよい庭先などに莚を敷いて、唄やダンスで、学芸会ごっこを楽しんだ。

お寺の境内は、石垣を積み上げて、地下の浜より高いところにあり、ほうの木と呼ばれる大木が二本あった。そこを舞台に見たてて、男の子も女の子も一緒になって、学芸会で歌った歌を歌いあった。次の出番はその大木の幹の後ろに隠れていて、先番が歌い終わると、すぐに前に出て歌い出す。見物の生徒達は地下の浜から、歌っている生徒を見上げて聞き入った。

三ヶ所に生きた人々

このような、風土、とりわけ春夏秋冬の自然環境とともに、私はここに住む人達に温かく見守られながら育まれ成長していった。

自然環境は殆ど私が直接体験した記憶に基づいている。しかし、これから述べる何人かの人々については、直接の体験だけでなく、周りから聞いた話や噂など、不確かな伝聞の記憶にもとづく記述が多い。私は人の話を、疑うことなく、素直に信じてしまう子供であった。体験とともに、伝聞の記憶がごちゃ混ぜになった事柄を承知の上で、これらの愛すべき心温かく個性豊かな人達のことを、なつかしさと感謝の気持ちをこめて書いてみた。

漁師

網元の主《あるじ》

国府村に通じる県道は三ヶ所の集落の東南端から伸びていて、そこが陸上からの三ヶ所への入口であった。その入口から二、三百メートル入ったところに、イワシ網漁の網元があり、主の名は善太郎といった。

道路の海側には、網干場があった。五メートルほどの間隔で立てられた二本の木の柱の間に、水平に張り渡した一本の木を縄で吊るし、それに網をかけ、滑車で上げ下げして、網を干し、乾いた網を取り込んだ。網を干していない時には、子供たちが、水平に張り渡された木につかまって、高いところまで上がって、悦に入っていた。しかし、大人に見つかると、

「危ないことをするな!」

と一喝された。

三ヶ所には、このほかにも、網元は四軒ほどあった。この網元はその中で、一番漁の下手な網元であった。

的矢湾はそれほど広くはなかったが、五センチ余りのカタクチイワシが良く獲れた。生きたまま生《いけ》簀《す》に入れておいたものは、カツオの一本釣りの餌に供された。他のものは、大きな釜で茹でて、イリコにした。

初夏を迎えるころになると、的矢湾には、カツオの一本釣り漁船が幾艘も入ってきて、イワシを買いとって行く。ついでに、活きの良いカツオを網元に配って行くので、そのおすそわけで、村人はカ

ツオの刺身などの恩恵にあずかった。

イリコ炊きは、主に冬の季節に行われた。茹で上がったイワシは莚の上に干して、自然乾燥させる。冬休みの午後など、遊び疲れて腹をすかせながら、道の両側に並んだイワシの莚のそばを通ると、つい一口つまんで食べてみたくなる誘惑にかられた。

善太郎さんは新しもの好きであったが、本業のイワシ網漁にはあまり熱心でなかったようで、漁に出ても、不漁の日が多かった。しかし、彼はそんなことにあまり気にも留めず、盆栽や狩猟など自分の趣味に打ち込み、生活を楽しんでいた。都会の流行をいち早く取り入れて三ヶ所に持ち込んでくれる一種の文化人であった。

「潮時知らずのがっぱ（空っぽ）網ほい」

といって村人からはやし立てられたが、彼は平然として盆栽など自分の興味のあることに打ち込んだ。

敗戦後まもなくの頃、多くの村人はまだ食べるのに精いっぱいであったが、善太郎さんはどこから猟銃を手に入れて来て、雉や山鳩、百舌鳥の狩猟に夢中になった。猟銃を用いた狩猟の趣味を初めて三ヶ所に持ち込んだのである。初冬に差し掛かる頃、自宅近くの裏山に山鳩が来ているのを見つけ、物置小屋の樋を支えにして猟銃を構え、狙いを定めて静かに発射の機会を待った。鳥打帽にシックな焦げ茶のチョッキで身なりを整えた彼は、通りかかりの村人が大勢見守る中、この時とばかりに、一発を発射した。しかし、発射された弾によって、山鳩の近くの木の枝が揺れはしたものの、無情にも山鳩は悠然と飛び去っていった。

善太郎さんは人間にも大いに興味を示し、松阪や名古屋など、三ヶ所外の人間との交友範囲も広く、活発に交流していたようである。空手使いの達人と名乗る都会からの壮年の男を自宅に居候させたり、ある時は、名古屋かどこかの都会に住んでいたという盲目の按摩師一家を、自分の屋敷の別棟に住まわせたりした。空手使いと盲目の按摩師については、「戦後都会から移り住んできた人々」のところで具体的に述べてみたい。

もう一軒の網元が、さらに集落に二百メートルほど入ったところにあった。この網元は漁が上手ということで評判であった。大漁になると、網元の自宅に速報が入り、おかみさんの手配で、夜の宴会の準備のために、親戚の女性たちが駆り出され、忙しく立ち働いた。

夜の宴会には、渡鹿野の色街の芸者をその網元の自宅に迎えて、飲めや歌えやのドンチャン騒ぎになる。イワシ網の漁夫《かこ》には、若い衆も沢山混じっていた。酔いが回ってくると自然に場は乱れ、若い衆は芸者を弄んで、歓楽に酔った。

噂によれば、この網元の主は、小学六年生の時にすでに、遊郭に出入りしていたというつわものであった。

ボラかご（東 順氏 撮影）

働き者

里には、一人の老いた漁師、松五郎さんがいた。夏の暑い昼下がりに、越中ふんどし一つで、黙々と仕事に精を出している姿が目に焼き付いている。年をとっても、「働き者」の漁師ということでとおっていた。細身の背中にはどくろ、腕には蛇の入れ墨を彫りあげ、それを丸出しにして、人目をはばかることがなかった。

春から初冬にかけての的矢湾では、ボラかご漁が盛んに行われる。そのボラかご漁について説明しよう。

農家の庭先などで鶏を飼うのに使われる竹かごをご存じだろうか。まず、針金の網と太めの鋼線で、直径が一メートル余りの釣鐘状の竹かごに似たかごを作る。その底は、薄い扁平な竹皮で莚《むしろ》のように編んだ平たい円盤状のものでふさぐ。つぎに、竹かごが底に接するあたりの円周の一部を二十センチ四方ほどに切り取る。そして、その部分に、直径一ミリほどの太さの竹の棒、すなわち竹ひごを、扇子の骨のように糸で編んだもの（「もんどり」と呼んでいた）を装着する。扇子の骨の上側だけを竹かごにしっかりと結び付け、他端を竹かごの内側に向けて斜めに降ろし、底に接する部分は自由に動けるようにしておく。竹かごを切り取った部分の底、竹皮の莚の上に、ボラの好物であるペースト状の炊いた米ぬかを、扇子の骨が底に接するあたりまで、平たく塗りつける。これでボラかごの出来上がりである。ボラかごの上部と海上での目印になる竹竿を太い紐で結びつけて、それを、海底のボラが遊泳して来そうな場所に沈めておく。ボラは群れをなして遊泳する習性があり、先頭のボラが米ぬかの餌を食べようとしてかごに入り始めると、あとのボラも争うように、次々に中に入ってゆく。いったん中に入ってしまったボラは、竹ひごの扇子のふたが邪魔になって、外に逃げ出すことができない。かごを沈めて、一日経ってから、そのボラかごを引き上げる。竹竿を引き上げるとき、ボラが沢山入っていると、びびびという振動が持つ手に伝わってくる。ボラかご漁に連れていってもらったとき、私も竹竿を引き上げさせてもらったが、竹竿を持つ手に伝わる振動に、ひどく興奮したことを憶えている。

松五郎さんが暑い昼下がりに精を出していたのは、このボラの餌、米ぬかを炊く仕事だった。ボラかご漁のシーズンになると、各々、自宅の海岸べりにかまどを築き、大きな鉄の鍋で米ぬかを炊く漁師の姿が集落のあちこちで見受けられた。

好々爺

私の家の数軒隣に、初老の漁師、正吉さんがいた。人の言うことを実に素直に聞き入れ、殆ど疑うということを知らない、好々爺で、大人だけでなく子供たちにも好かれていた。

今里と里には、一軒ずつ墓石などを作る石屋があった。二軒とも、石屋の仕事場の南側は、戸仕切りがなく、敷居一つで屋外と区切られているだけであった。海が荒れた日などには、漁に出られない漁師たちが石屋に集まってきて、敷居に腰かけてはよもやま話に花を咲かせることが多く、石屋は格好の溜まり場になった。

ある年の四月一日も、前の夜から強い雨と風が吹き荒れ、その日の漁を見合わせる漁師が多かった。彼もその中の一人で、里の石屋に来て、世間話に時間を潰していた。

小中学校も、休みになっていた。というのも、三ヶ所の生徒は、対岸の的矢にある小中学校に手漕ぎの船で通っており、台風などで海が荒れると休校になった。学校が休みになっていた中学生の一人

が石屋にやって来て、

「宮の端《はな》に大きな船が沈んでいる」

と真顔で言った。それを聴いた正吉さんは、

「よし、そんなら見に行こうやないか」

と言って立ち上がり、その中学生と一緒になって、氏神さんの宮の森の岸辺の方に向かって歩いて行った。しかし、それは中学生の「エイプリルフール」、いたずらであった。そのあと、彼と中学生の間に、何があったのかは詳らかでない。

梅雨の季節に入ろうとする頃であった。正吉さんは、どこからか、沢ガニの仲買を請け負ってきた。沢ガニはこの季節になると、田んぼや石垣に大量に発生し、容易に捕獲できた。この話は、三ヶ所の住人、とりわけ主婦達にとっては、恰好の金儲けになるはずの朗報であった。夜の明けきらないうちから、主婦達は、バケツやざる、かごを持って田んぼや石垣をめがけて競争して出かけ、毎日沢ガニを獲り続け、取ったカニを彼に売りに行った。三ヶ所に突然、カニ騒動が巻き起こったのである。しかし、一か月もたたないうちに、カニ騒動は突然止んでしまった。実は彼の早とちりで、仲買業者へのカニの売値を一ケタ間違っていたのではないかと噂された。この結末は、正吉さんが大損をしたのか、彼にカニを買ってもらった主婦達の徒労だったのか、小学生だった私には分からずじまいだった。

敗戦後のしばらくは、三ヶ所にも、胡散臭い香具師《やし》達がやって来ては、薬や小間物、履物などを、言葉巧みに売りつけていった。

秋が深くなる頃であった。一人の香具師が来て、地下の浜で薬を売り始めた。香具師の前に置かれた袋の中には毒蛇が入っていて、この蛇にかまれると間違いなく命を落とすが、香具師の薬を使うと、蛇毒が即座に分解されて一命を取り留めるという触れ込みであった。袋の中の蛇はそのうちに見せると言っていたが、最後まで見せずじまいであった。蛇を見たさと、香具師の巧みな言葉にひかれて、大勢の村人は最後まで話に聞き入っていた。彼はおもむろに、試験管に自分の血といって、血の色をした液体を入れたあと、それに蛇の毒を注いだ。するとその液体はたちまちに黒く濁った。それを見せた後で、香具師の言う特効薬を滴下すると、すぐにその液体は元の血の色に戻った。ことほど左様に、その薬は、そのほかの様々な毒にも顕著な薬効を持つと言い放った。正吉さんはそれを聴いて即座に、薬を数個買い求めた。他にも何人かが、一個ずつほど買った。幾日か経って、その薬はなんの効き目もない偽薬であることが分かった。

ボラけん

もう一軒の網元、角屋の親戚にボラかご漁の上手な若手の漁師がいて、彼は「ボラけん」の愛称で親しまれていた。三ヶ所では、大人の男の名前のあとに「けん」をつけて、愛称とする習わしがあった。「けん」は、その男の家を表す「軒」を意味するものだったのかもしれない。

彼がまだ小学生だった時、学校をさぼりたくて、悪友に相談したところ、

「お父さんが死んだ」

と担任の先生に言えば、早退出来ると吹き込まれた。先生は彼の言葉を信じて、早退を許可し、無事彼の望みは達せられた。そして先生が校長先生にその旨を報告したところ、校長先生は、

「省三さんも気の毒に亡くなられたか」

と嘆いたという。ボラけんの父、省三さんは夏目漱石似の端正な風貌の主で、村中にも知られていた。後になって彼のウソがばれたのは言うまでもないが、この件がその後どのように落着したのか、私は知らない。

青年、ボラけんが独身の頃、隣村からの夜遅くの帰りに、道に迷い、一晩中、山のなかを彷徨《さまよ》い歩いたことがあった。そのことはすぐに三ヶ所中に知れ渡った。村人は、

「狐に憑《つ》かれたのではないか」

と噂しあった。

ある時、彼が漁を終えて日暮れの海に舟を走らせていると、海の中から手が伸びてきて、

「柄杓をくれ」

と言う。以前に先輩漁師から教えられていたように、柄杓の底を抜いて渡した。もし、そのまま渡すと、海の水を際限なく舟に汲み入れて舟は沈んでしまうからである。

その後結婚して、一人の息子を授かったが、ある夏、親が目を離したすきに、その子は海辺の石垣を降りて水遊びに行ったのであろう、足を滑らせて海に落ち、溺死した。ボラけんがその子を抱きかかえて、涙をこらえながら、小走りに家に急ぐ光景が目に焼き付いている。小高い岡の上の墓地の松林では、その日は朝から、カラスがギャーギャーと異様な声で鳴いていた。村人は

「今日はカラス鳴きが悪い」

と噂しあった。

同じように、私の妹と同い年の里に住んでいた友達の妹も、小学校に上がる前に、海岸で溺死した。その日も、朝からカラス鳴きが悪かったのを憶えている。

しかし、私が生まれてから十八歳になって三ヶ所を離れるまでに、これ以外の海難事故は、小中学生、青年、漁師を含めて、一件たりとも起きることはなかった。

的矢湾造船所

大工

倹約家

今里の集落の入り口付近に、二人の大工がいた。一人は大の倹約家の泰三さん、もう一人は発明家の健吾さんである。大工はそのほかにも、私の父、三郎を含めて十人近くがいて、百軒足らずの集落にひしめき合っていた。関東大震災の復興景気に煽られて、当時の多くの若者が大工を職に選んだのである。しかし、復興需要が冷えて来ると、関東を去って、次々に三ヶ所に帰らざるを得なくなった。当然のことながら、狭い集落の中では、大工の仕事を見つけるのが難しく、生活は難渋を極めた。

倹約家の大工、泰三さんは穏やかで、静かな人であったが、彼の倹約ぶりは三ヶ所中に鳴り響いていた。伝聞の域を出ないが、たとえば、ジュラルミン製の弁当箱は強く洗わない、強く洗えばそれだけ速く減ってしまうので、もったいない、というのである。

的矢湾には、造船所が二つあり、造船所に仕事があるときには、大工達はそこに雇われた。彼らは、手漕ぎの一艘の舟に一緒に乗って職場に通った。私は父が乗った仕事帰りの舟を迎えに行くのが楽しみであった。ある日の夕方のこと、仕事帰りの舟が石垣の船着き場に近づいてきたとき、乗り合わせていた泰三さんは、

「いいものを見つけた、明日の弁当のおかずになる」

と小さくつぶやいて、海に浮かんでいた玉ねぎを一つ拾い上げた。

発明家

発明家の大工、健吾さんは、貧乏を気にしない、世間体をかまわない、好人物で通っていた。大工仕事がない日には、半分壊れかかったような小さな家のなかに寝ころんで、一日中発明にふけっていた。彼の発明の対象は、原動機、すなわち、電気や石油などのエネルギーを供給しなくても、永久に動くことのできる機関、第一種の永久機関を創り出すことにあった。彼のニックネームは「健吾やん」で、

「健吾やんの原動機」

と言って、女子供に至るまで、三ヶ所で知らぬものはいなかった。しかし、熱力学の第一法則で、第一種の永久機関の実現は否定されており、残念ながら、この種の発明は、健吾さんの手に負えるようなものではなかったのである。

父、三郎

父、三郎も五十歩百歩であった。大工仕事のない日は、わずかばかりの田畑の野良仕事か、ガマの彫刻に入れ込んでいた。私が友達の家に遊びに行くと、床の間にガマの彫り物が置いてあることがあり、そんなときは、友達のお母さんが、

「これはあんたのお父さんが彫ってくれたもんや」

と教えてくれた。

そのような父であったので、母は、造船所の仕事がない時はいつも、父の大工仕事を探し回っていた。しかし、せっかく母が苦労して仕事を見つけて来ても、仕事を請け負う段になって、交渉を進めていくうちに、仕事の見積もりや段取りで、ありのままの、あるいは難しいことを、そのまま言ってしまったり、要求したりするので、うまくいかないことがしばしばであった。母は、

「お父さんはもっと上手に取り繕ってくれれば良いのに。木端《こっぱ》を咥《くわ》えたようなお上手しか言えないもんやから」

と言って、嘆いた。

狭い三ヶ所の集落であったが、父は何軒かの家の建築を請け負い、彼が建てた家があちこちに残っていた。東京帰りの若いころに建てた家は、前述の小学校の職員室の建物と同様、ガラス窓の多い、洋風の見るからにさわやかな感じの建物であった。それに比べて、晩年に建てた家は、殆ど一律の間仕切りの田舎風然とした家に変わっていた。

よその家に遊びに行って、

「これは、あんたのお父さんが建ててくれた家や」

と言われると、うれしく、また誇らしかった。

父が若いころに建てたガラス張りの瀟洒な家の一つが、遠い親戚にあたる櫻谷の家であった。家は小高い丘の東向きの斜面を造成した屋敷に建っていた。その頃の三ヶ所では珍しく、屋敷の入り口から玄関口まで、コンクリートの階段の道が通じており、庭には池があって、鯉が泳いでいた。

私は小学校に上がるまでは、しょっちゅう風邪を引いたり、高熱を出すような虚弱児であった。二、三歳の頃であろうか、母の話では、高熱のために、とうとう引き付けを起こしてしまった。引き付けには鯉の生き血がよく効くと伝え聞いた母は、櫻谷に頼み込んで、池の鯉の生き血をもらってきて、私に飲ませたのである。おぼろげに覚えているのは、私の枕もとで、大人達がざわざわと立ち動いている様子である。

そのようなときの母の心配は、姉や叔母の話しによれば、尋常でなく、一睡もしないで、つきっきりで幾晩も看病に当たったようである。父はといえば、そんなときでも、ぐうぐうと高鼾《いびき》をかいて眠っていたと、母は呆れたように話すのであった。

物心ついてからの記憶であるが、病気の時などに母が添い寝で歌ってくれる子守唄は、いつも哀調を帯びて物悲しいものであった。それが刷り込みとなって私の脳裏に沁みついたのか、成長して年を重ねた今も、懐メロはいうまでもなく、クラシックでさえ、哀調を帯びたメロディに魅かれる自分に、はっとするのである。

多能の棟梁

発明家や父とは非常に異なるタイプの大工もいた。多能で、仕事を請け負うのが上手く、何人かの大工を雇う棟梁に近い存在で、伝衛門といった。金儲けの上手な大工として知られていた。

家の建築を請け負うと、懇意の材木屋をとおして、木材を手際良く安価に買い入れ、家の注文主とも、手ごろな価格で折り合いをつけて、注文主の希望を適当に取り入れて、期日通りに完成させるのであった。

すでに述べたように、その頃の的矢湾では、真珠の養殖が盛んに行われていた。ほとんどは、都会の金持ちの事業家が三ヶ所の海面を使用する権利を購入して、養殖場を開き、住民を雇うという形の経営であった。海岸べりの小高い丘を切り崩して、そこに、住居と、仕事場を建設した。住居は多くが、都会風の垢抜けした建物であった。伝衛門さんはそのような養殖場の建築をよく請け負ってきた。父は彼に雇われて、建物の大工仕事に通うことがしばしばであった。小学校から帰ると、私はよく、父が雇われている仕事場に遊びに行った。たぶん足手まといで、邪魔になることが多かったと思うが、私に文句を言うことも、叱ることもなかった。

伝衛門さんは、当時では珍しく、電気技術に詳しかった。彼はその技術を村人のために役立てていた。たとえば、青空劇場での映画の上映、すなわち、集落のただ一つの広場、地下《じげ》の浜に筵を敷いて、丸太を二本立ててスクリーンを張り渡し、映画を上映することがしばしばあった。しかし、戦後のこととて、電力の供給量が十分でなく、近くの電柱から上映のためにとりだす電力は目いっぱいのようであった。そのため、上映中によく停電になった。そんな時は、彼の出番である。遠くにいる電力会社の技術者が三ヶ所に到着するまでの時間は、長すぎて待てないからである。危険な作業ではあったが、彼は電柱に登り、暗がりの中、懐中電灯を頼りに停電の原因を見つけて修理して、そのおかげで映画の上映を続けることが出来た。修理のあとには、村人からお礼の拍手が沸き起こった。

戦争未亡人

肝っ玉母さん

今里の真中あたりに、ときという中年の寡婦がいた。屋根の低い小さな家に住み、女手一つで、男二人、女一人の子供を立派に育てあげていた肝っ玉母さんである。彼女をはじめ、夫を兵隊に取られ、戦死して、女手一人で家族を養わねばならなくなった家が、三十軒余りの今里郷だけでも、六軒に上っていた。当然のことながら、彼女らの生活は厳しいものであり、その上に、狭い田舎の集落のこととて、周りからは、寡婦という好奇の目で見られて、気持ちの上でも、つらいことが多かったに違いない。

その家の西の隅には、根の周りを石垣で囲った「玉の木」と呼ばれる大木があった。地面から二メートル近くまでは、周囲が七メートルほどの太い幹で、幹の真中には地面から一メートル余りの高さまでの洞《うろ》があった。洞の上は棚状に平たくなっていて、子供たちはそこに基地を作るなどして、格好の遊び場にしていた。

二男は中学生になっていて、心やさしくユーモアもあり、よく遊んでもらった。ある秋の夕方、彼はお使いに出た帰りに、買ってきた二本の醤油瓶をうしろ手に持って、醤油瓶を戯れ半分に軽く打ち鳴らしながら歩いていた。ガラス瓶の音に誘われて、年下の子供たちが面白そうに何人か寄り集まってついてきた。それを知って、彼は少し得意になり、もっと強く瓶を打ち鳴らし始めた。間もなく二本の醤油瓶は粉々に砕けて、醤油は道路面に広がり、吸い込まれていった。苦しい生活の中からやっとの思いで買い求めた醤油の顛末を知って、さすがの肝っ玉母さんもさぞ嘆いたに違いない。

志摩半島は、二百十日ごろになると、よく台風に襲われた。殆どの家が海岸から百メートルと離れていなかったので、暴風だけでなく、暴風に伴う高潮や高波のしぶきの被害に遭うことが多く、速い段階から一家総出で台風対策をして、来襲に備えた。たしか、台風十三号の時だと思うが、強い台風のうえ、満潮時と重なるということで、集落じゅうが高潮被害などの対策に追われていた。からかい半分の噂と思われるが、ときさんは家が高潮で流されないように、一人荒縄《あらなわ》を持ち出して、自分の家に巻きつけ、玉の木に結び付けていた、ということである。

熟　女

肝っ玉母さんの近所には、戦争未亡人がもう一人、道路に面した小さな家に住んでいた。名は豊子といい、心優しい熟女で、子供の私達にも温かく接してくれた。

彼女については、当時の私には不可解な、忘れることのできない出来事に遭遇した記憶がある。晩春のころであったと思うが、友達とその家の近くを通りかかると、なんとも異様な大人の女性の声が聞こえてきた。驚くとともに、不思議な思いに駆られて、玄関口に回り、二人で様子をうかがっていると、しばらくして、男性の按摩師が彼女と一緒に出てきた。彼女は顔を上気させ、乱れた髪をそのままに、按摩師を見送っていた。彼女の様子を見るに及んで、事の始終が理解できず、拍子抜けしたことを憶えている。

元網元の女将《おかみ》

戦争未亡人の中には、元網元の女将さんもいた。網元をやっていた頃には、一家はある程度裕福な生活ができていたそうであるが、彼女は夫を戦争に取られたうえに戦死の憂き目に遭い、その後の生活は辛酸を極めた。戦後になって、一人息子が中学を卒業するとすぐに、危険を伴う船乗りにした。

女将さんの名はたまで、たまさんは前述の大工の泰三さんとはまたタイプの違うもっと徹底した倹約家であった。しかし、両人とも、人に迷惑をかけるような倹約でなく、むしろその徹底した生活ぶりのいくつかは、見習ってもよい、尊敬出来るものでさえあった。

たまさんは、支出を極端に切り詰めた。食事は、粗食そのもので、おかずは、たとえば、大根が畑にある時期には、生の大根に塩か味噌をつけただけのもので済ませていた。田んぼや畑で捕れる亀や蝮を大切な滋養強壮剤にしていたということである。近所の噂では、居間の囲炉裏には、田んぼかどこかで捕ってきた亀の甲羅が散らばっていた。たぶん亀を囲炉裏の火で焼いて食べたのであろう。台所には蝮の焼酎漬けの瓶が置いてあった。

家の中の畳は、自分独りが寝る広さだけに敷いて、残りの畳は使わずに、一か所に積上げていた。残りの畳が傷まないようにとの配慮からである。

収入はと言えば、彼女一人で出来るあらゆる金儲けの手段をこまごまと工夫し、実行に移した。昼間は真珠養殖場に勤め、勤めが終わると、その足で田畑に直行し、日が暮れて暗くなるまで野良仕事に精を出した。収穫した米やさつま芋は、自分が食べる分は可能な限り節約して、残りは売って金に代えた。

自宅前の少しの菜園も有効に活用して、葱を栽培しては、一畝毎に値段をつけて売りに出した。畝を買った人は、必要な時に好きなだけ、自分が買った畝の葱を収穫することができるので、産地直送の新鮮な食材を手に入れることができた。

その頃の三ヶ所の女性の多くは、小学校にもろくに通わせてもらえなかった。彼女もその一人で、そのために計算が十分にできなかった。にもかかわらず、貯めた小金で、集落の住人相手の金貸し業にも手を染めた。理解しがたいことであるが、利子の計算は間違わなかったようで、借り手の客は不思議がった。

三ヶ所でも、八月十三日から十五日までは盂蘭盆《うらぼん》で、その三日間は盆踊りが賑やかにとり行われた。たまさんは毎年欠かさず盆踊りの輪に加わって、最後まで踊り続けた。最後まで踊った人は、そのあとのくじ引きで、なにがしかの景品をもらうことができた。

彼女は小学生の私を、盆踊りにしばしば誘ってくれた。妹の浴衣を母に着せてもらい、日本手ぬぐいを姉さんかぶりに目深にかぶって踊りに出るのであるが、その頃から背が高かったので、私は見物人からはすぐに見破られた。

十五日が過ぎて二十日になると、「精霊《しょうろ》さん送り」である。たまさんが自分で作った長さが一メートルぐらいの藁の舟を掲げて、今里、里、西浜と歩きながら、行く先々の家から、お米や野菜、果物を供えてもらい、舟に積み込んでゆく。子供たちはそれにうれしそうに付き従って、ホラ貝を吹いたり、鐘を打ち鳴らしたり、あるいは供え物を舟に乗せる作業を手伝って、道中の彼女を助ける。「ぷっぷー　かんかん」の賑やかな音に合わせて、集落の中を歩き、西浜の集落が尽きるところ、味噌神の岸辺に着くと、彼女は供え物のお米と、野菜、果物の一部を舟から降ろし、舟を海に浮かべて、沖に向かって静かに送りだす。降ろしたお米や野菜、果物は、自身が有難く頂くのであった。

船乗りになった一人息子は、一年に一、二回は帰省した。その都度、私の家にもあいさつに訪れ、心づくしのお土産を持ってきてくれた。戦後の何もない時代だったので、そのことがうれしく、彼の礼儀正しさと優しい心遣いを忘れることができない。

女史

里のあたりにも、戦争未亡人が一人いた。名を聡子といい、利発、活動的な人で、三ヶ所では珍しい存在の、女史とでも呼べそうな人であった。

戦争が終わり、戦時体制から解放されて、戦後の日本がどうなるのか、どうしてゆけば良いのかを、不安と希望を持ちながら、三ヶ所の多くの人も考えていた。夜になると私の家にも何人かの大人たちがやって来て、父と熱心に政治の話をしていた。

そのころの三ヶ所では、伊勢新聞社の論説委員などを呼んで、お寺で時局講演会がたびたび催された。彼女はそんな講演会によく出て来て、活発に質問をし、自分の意見をのべた。聡子さんのこのような言動は評判になり、志摩郡内の町や村にも知れ渡るようになった。そのことを知った郡内のある町長が惚れ込んだのであろう、しばらくして、彼女を後妻に迎え入れた。

余所からの人々

日本軍の駐屯

日本の敗戦間近、昭和十九年頃のことである。三ヶ所にも日本軍が駐屯を始めて、民家に数人ずつが分宿し、我が家にも、四、五人の兵隊さんが泊まっていた。兵隊さんは我が家の一番良い部屋である座敷に寝泊まりして、炊事、洗濯、掃除などは基本的には彼ら自身が行っていた。

ある時、夕食に湾内で捕れた新鮮な鰯を用いてつみれを作り、沢山食べたようであった。ところが夜が更けるとともに、ほとんどの兵隊さんが激しい腹痛に見舞われ、食べたものを戻し、のたうちまわるような惨状になった。たぶん、つみれに十分火が通っていないなど、調理法に問題があったのであろう。

兵隊さん達が昼間、軍隊としてのどのような行動をしていたのか、当時四、五歳だった私の殆ど知るところでなかったが、優しい兵隊さんが多かったようで、三歳年下の妹をかわるがわるに抱っこしては、家で飼っていた鶏小屋の前に行って鶏を見せながら、あやして、可愛がってくれていた。

地下の浜の道路を隔てた海岸側の空き地には、馬小屋が建てられ、数頭の軍馬が飼われていた。私はその馬が珍しくて、冬の寒い夕方、日が暮れて来ても、馬小屋の前に座って、母が呼びに来るまで、じっとお気に入りの馬を眺めていた。「とういけ」や「あきづき」という馬の名前を今も憶えている。

集落の西側の小高い山を一つ越えたところは、「佐田の浜」という入江になっている。駐屯軍は、佐田の浜に面した山の西側斜面に、いくつかの横穴の防空壕を発破を使って掘っていたようであった。私はその現場を見たことはないが、そこから運ばれてきたに違いない担架に乗せられた負傷兵を何度か見たことがある。戦いの前に、防空壕の建設で兵員を消耗していたのである。

ある寒い冬の宵のことである。裏山の崖に数人の兵隊さんがふんどし一つで並ばされ、崖に手をついた状態で、上官から樫の棒で尻を力の限りに殴られていた。母はその一部始終を見ていたのである。当時のことであるから、大きな声では言えなかったのであろう、私の前で、「楠宏を軍隊にはやりたくない」とつぶやいていた。ここでも、敵と戦う前に、内部で兵員を消耗していたのである。

そのころの三ヶ所は、米軍のＢ29の襲来をしょっちゅう受けていた。Ｂ29が名古屋とか四日市を空襲する時は、いつも、「志摩半島上陸」と呼んでいたが、志摩半島を目印に飛んできて、志摩半島の上空を通って空襲に行くのであった。ついでにと言うか、そのさい、三ヶ所の集落自身も何度か機銃掃射に見舞われた。空襲警報のサイレンが鳴ると、近くの小山に掘った横穴防空壕に逃げ込んだり、間に合わない時には、台所の芋びつ（さつま芋を貯蔵するための半地下の室）に避難した。ある晩、横穴防空壕に避難した後、避難解除になったので、両親たちは眠っていた私一人を残して家に帰った。

そのあとで私は目を覚まし、真っ暗な防空壕の中で、恐ろしさのあまり大泣していたのを憶えている。

的矢湾では、少なくとも木造の商船三隻が爆撃に遭って轟沈した。沈んだままのそれらの舟は、敗戦後、格好の漁礁になり、子供たちはその船の周りで釣りを楽しんだ。

伝聞ではあるが、水上飛行機も的矢湾で撃墜され、飛行機の中は、血まみれになっていて、なぜか、割れた生卵が散乱していたということであった。

日本軍が駐屯していたにもかかわらず、住民を守るようなことは何一つしていなかったのである。

戦争が終わっても、一人の兵隊はしばらく私の家に居候を決め込んでいた。彼が寝泊まりしていた部屋は、座敷の隣の「四畳半」と呼んでいた部屋で、押入れがあった。その押入れには、世間は食糧難であえいでいるのに、どこから持ってきたのか、缶詰がぎっしり積みこまれていた。しかし、彼が家を去ったあとには、一つの缶詰も残されていなかった。

爺やん

小中学生が通学に使う舟は県道船と呼ばれていた。隣の国府村から伸びてきた細い県道は、三ヶ所の集落の中を通って、お宮の森の海岸の船着き場で行き止まりになる。そこから先は、渡し舟、すなわち県道船で向かいの的矢の舟着き場まで行くことになる。その当時、県道船は手漕ぎであったので、漕ぎ手が必要であった。私が小学生のころは、どこから来たのか定かではなかったが、「爺やん」という初老の漕ぎ手が雇われていた。彼は、地下の浜に隣接する集会所の一間を借りて生活していた。子供が好きで、子供たちもまた爺やんを好いていた。冬の夜長になると、彼は一間の炬燵で火を焚き、子供たちを呼んでは、面白おかしい話をして喜ばせていた。私も一度遊びに行ったことがある。彼の話は、

「ある時、魚売りがアジとサバを仕入れて売り歩いていた。アジが先に売り切れてしまったので、仕方なく、『アジないサバ』と言って歩きまわったところ、さっぱり売れなくなった。」

という類のものであった。

登校時の県道船は、数十人の生徒がすし詰めのようにして乗り込むので、舟が重くなり、一人の漕ぎ手ではなかなか大変であった。舟の真中あたりの片側には、あい櫓と言って、補助的な役割の櫓が付けられていた。中学生や、上級の小学生達が交代でその櫓をこいで爺やんを助けた。学校帰りの時は、学年ごとに生徒が分散して乗ることが多いので、比較的空いていて、爺やんにも心の余裕があったようである。軽口を飛ばし、生徒をよく笑わせていたが、生徒が爺やんをからかうこともしばしばであった。ところが、小学生高学年以上の可愛い女の子がからかうようなことをすると、櫓を漕ぐのをやめて、その子に駆け寄り抱きしめたりした。今思うと、これはどうもセクハラ一歩手前の行いで

あったように思われる。

戦後都会から移り住んできた人々

空手の達人

イワシ網漁の網元の主、善太郎さんは、空手の使い手を名乗る壮年の一人の男を、どこかの町から連れて来て、食客のような待遇で同居させた。

六月になると、的矢湾の最奥部、伊雑《いぞう》の浦の奥に広がる磯部村では、伊勢神宮の別宮、伊雑宮の田植え祭り、御田植祭」が行われる。祭の日は、磯部村はいうまでもなく、近隣の村々から来た見物人でごった返す。祭のハイライトの一つが、田んぼの真ん中に立てられた孟宗竹の幟の竹を奪い合う、「竹取り」である。血気盛んな若者達が田の中になだれ込んで、幸運をもたらすという竹を奪い合う。

ある年の祭りで、「竹取り」のあと、磯部川の橋の上で、三ヶ所の一人の青年と安乗の青年たちの間で、激しいケンカが始まった。多勢に無勢のうえ、逃げ場のない橋の上だったので、三ヶ所の青年は袋叩きに遭ってしまった。ちょうどその時、その場に居合わせた空手使いの男が、竹の棒などで殴りかかってくる安乗の青年たちに素手で立ち向かって応戦し、三ヶ所の青年を暴行から守って、かろうじて彼の一命を取り留めた。そのことが評判になって、空手使いの株は急上昇した。その後、彼は善太郎さん宅に、かなりの間居候を決め込んでいたが、梅がほころび始めるころ、突然姿が見えなくなり、杳《よう》として消息が絶えた。

盲目の按摩師一家

ある時、盲目の按摩師の家族が網元のもとに転がり込んできて、別棟の小さなとま屋に住みついた。名古屋かどこかの都会から来たらしいということであった。

按摩さんは、メチールアルコールを飲んだために、盲目になってしまったと噂されていた。姉と弟の二人の小学生の子供がいた。都会の子供ということで、村の子供たちは珍しがり、すぐに仲良くなった。

小学生の私の妹も、お姉ちゃんとよく遊んだ。程なくして、妹は都会言葉をマスターし、父母に得意げに話しまわった。

梅雨の頃、外に出て遊べない日が続いていたある日のこと、その家の前を通りかかると、弟が障子窓の破れ、二十センチ四方ほどの一つの枠から、顔だけを出して歌を歌いだした。

「うちの父さん　狐か狸　夜の夜中に　穴探す　穴探す

うちの母さん　洗濯好きよ　夜の夜中に　竿探す　竿探す」

歌詞の意味は分からなかったが、歌詞もメロデイも簡単に覚えられる歌だったので、家に帰って、得意になって歌っていると、怖い顔をした母から、

「子供がそんな歌を歌うもんやない」

と言って、強く叱られた。

この家族がいつ頃、三ヶ所を去っていったのか、定かには覚えていないが、二人の姉弟が中学生になる前には、居なくなっていたように思う。

タライべさん

三ヶ所の発明家でとおっていた田辺さんは、日常生活のこまごましたものを彼なりに発明、改良して、家の内外に並べているとの評判であった。しかし、私は実際にそれらを見た覚えはない。

一つだけ強烈に頭の中に残っているのは、彼が発明した、超小型の釣り舟である。大人が一人ゆっくり座れるほどの底の深い盥《たらい》の周りに、一辺が二、三メートルの正方形に木の棒を張り渡して、水面での盥《たらい》の安定性を図り、さらに、和式の小さな櫓を取り付けて、盥の中に座りながら櫓をこいで、操舟できるようにした舟である。

田辺さんは一家とともに、戦後になって都会から三ヶ所に移り住んできたこともあってか、都会の生活者の視点から、ものを見ることが出来たのであろう、三ヶ所の人間が思いもよらなかった斬新な舟を設計し造り上げたのである。彼の姓、田辺をもじって、子供達はその船を、「タライベ」さんの舟と、親しみをこめて呼んだ。

海の穏やかな日には、四季をとおしてその舟に乗りこんで、彼は釣りを楽しんだ。冬になると村の漁師たちは、海鼠《なまこ》捕りを盛んに行った。海鼠を捕る方法の一つに、底引き網に似たやり方があった。長辺が二メートルほど、短辺が三十センチあまりの長方形の鋼鉄製枠に網を取り付けた、「海鼠げた」を海の底に沈め、それを舟で引っ張って、海底の海鼠を捕る方法である。私も、自分の家の舟を漕いで、海鼠引き漁を何回か行ったが、かなりの重労働で、真冬でも汗びっしょりになった。田辺さんは彼の舟に合った小型の「海鼠げた」を作って、海鼠捕りを行った。

真珠養殖場では、各々の養殖場がスマートな中型の機械船を持ち、真珠筏の移動や従業員の送り迎えなどに使っていた。中学を出てすぐに養殖場に就職する若者たちにとっては、その船の運転や世話を一任されることが、彼らの大きな望みであった。若者たちは、エンジンを全開にして、舟の速さを競い合った。田辺さんの舟の近くを通っても、無情にも、速度を緩めるようなことはしなかったので、機械船の波をまともに受けて、田辺さんの舟は大きく揺れたが、よく耐えて一度も転覆するようなことはなかった。

しばらくの年月の後の冬の朝に、田辺さんは海に浮かび、死体となってひきあげられた。喉頭がんが発覚し、絶望の果てに入水を計ったのである。私も九年ほど前に、末期の胸腺がんが発覚し、絶望の淵で呻吟した憶えがあるので、彼の気持ちは、今では痛いようにわかる。

日本画家

戦後間もなく、日本画家の一家が、名古屋あたりから引っ越してきた。日本画家、清風さんは三ヶ所生まれの女性と結婚していたので、彼女の親戚を頼って、食糧事情の悪い戦後の都会の混乱期を逃れるために、一時的に疎開してきたのである。

疎開はしたものの、清風さんの絵を買えるような余裕のある人は、その当時、志摩郡内を見渡してもほとんど見当たらず、一家は大変な生活を余儀なくされたようである。

三ヶ所では、大人だけでなく、子供たちも、清風さんを尊敬の念で見つめ、また珍しがった。とりわけ、子供たちは、清風さんが絵を描いているところを一目見ようと、アトリエの外にたむろして、中を覗き込んだ。そして、彼がどれほど上手に絵を描くことが出来るのかを、めいめいがバイアスをかけて語り交わした。

ある年の的矢村の文化祭に、清風さんは畳一畳ぐらいの大きさの水墨画を数点出品した。非常に写実的な、優れた技巧を駆使した爽やかな風景画であった。

父は清風さんとよく気が合ったようで、洋画と日本画の比較などについて、親しく話をしていた。彼は雀の絵を得意にしており、父は彼から、竹と雀の絵の小品をもらった。そのお礼に、バケツ一杯のジャガイモをもらってもらった。

ある時、清風さんは私の家の座敷にかかっていた掛け軸の絵を見て、

「これは大変良く描けた値打ちものの絵です」

といって、褒めてくれた。その絵は、十センチあまりの三つの円のなかにそれぞれ、目玉が一個ずつ書いてあるだけのような、抽象的な水墨画であった。冬休みが近い寒い日の午後、学校から帰った私は、冷たい昼食を一人で食べてから、日が差し込んでいる座敷に座って、じーっとその掛け軸の絵を眺めていた。見つめるほどに、その絵の目玉が気になりだして、とうとうそれを、小刀で夢中になって削り落とし始めていた。貴重なその絵を傷つけて台無しにしてしまったのである。後になって、それを見つけた父は嘆くことしきりであった。事の大きさに気がついて、私はしてしまったことを父に話し、謝ったのであるが、父は不思議と叱るようなことはなかった。

清風さん一家は、私が中学を卒業するころに、名古屋に引っ越していった。

三ヶ所弁

三ヶ所を含む伊勢志摩地方の言葉は、基本的には関西弁に属し、それも、穏やかな関西弁といわれる。テレビやラジオで気がついたのであるが、新宮、土佐、讃岐など、志摩と舟で交流のあった地方の言葉が、志摩の言葉と大変よく似ていることである。

十八歳で名古屋に出て、伊勢志摩や三ヶ所弁と違う言葉に触れて、おおいにとまどい、それに慣れるまでに、かなりの時間を要した。

しかし、七十歳を過ぎた今でも、電話で三ヶ所の親戚や友達と話をすると、その時には、自然に三ヶ所弁になってしまう。自分ではその変化に気付かないのであるが、妻の由紀子はそれに気付いて驚く。

言葉の特徴の一つが、伊勢の「な」言葉であり、言葉の終わりに、「な」をつける。「それでね」、というところを、「それでな」、と言うように。

小学校低学年の頃のことである。日暮れが早くなり始めた秋の夕暮れ時、私は家の前の道路にひとりボーっと佇んでいた。そこへ、近所の漁師の女将の菊さんが小走りに近づいてきて、

「くっちゃん、わしんとこの潔をどこかで見なかったかのお」

と早口で話しかけてきた。「のお」は「な」がなまったものである。私はおもむろに、

「ううんとな、ああ行ってな、こお行ってな、それからな…」

と、ゆっくりと、考え考え話し始めた。菊さんは我慢できなくなったのか、私の話を途中で遮って、せわしくどこかへ行ってしまった。

志摩地方特有のものかどうか定かでないが、一音節の言葉、たとえば、日《ひ》は「ひい」、丁寧には「おひいさん」という。他にも気づいたものを以下に記す。

歯（歯）は「はあ」、血《ち》は「ちい」、絵《え》は「ええ」、実《み》は「みい」、酢《す》は「すう」、戸《と》は「とお」というのである。

敬称の「さん」は、「やん」と言う。

とうやん、かあやん、あにやん、ねえやん、おじやん、おばやん、などなど。

しかし、かあやん、とうやん、わし（私）、おれなどは、「良い言葉」ではないので、、小学校の先生からは、お父さん、お母さん、私、僕などの標準語で話すよう指導されていた。私は小学校三年のころに、思い切って、お父さん、お母さんと呼ぶように改めた。父、母にこのように呼び掛けるのは、はじめのうちは大変恥ずかしく、かなりの勇気が要った。

日常よく使われる野菜の名前も、ごぼうは「ごんぼ」、さつま芋は「いも」、大根は「だいこ」、とうがんは「とんが」、とうきびは「ときび」、とうもろこしは「なんば」、人参は「にんじ」なのである。

三ヶ所特有の方言と思われるものもある。

小学生時代、児童の持つ傘は、すべて、竹の骨に油紙を張った安物の番傘であった。破れやすく、破れがひどくなってくると、自然に取り扱いが雑になり、ついには、子供たちは、喧嘩の時など、破れかぶれの番傘を振り回し始める。そのため、まともな傘を持っている子供は少なくて、とりわけ、冬の寒い時期などに雨が激しくなってくると、どうしても、まともな傘に入れてもらいたくなる。そんな時には、

「お前の傘にのせてくれ」

といって頼み込む。

雨が降って、手がかじかむような寒い時でも、手袋を持っている子供は少なかった。その手袋をはめるのも、

「手袋を履く」

と言った。

また、「沈殿する」を「とごる」と言う。

私は小学校六年生の時に、友達とチャンバラ遊びをしていて、躓《つまず》き、左手の肘を複雑骨折した。当時のこととて、十分な治療のできる医者がいるわけでなく、回復に手間取った。両親は心配して、で

きるだけ早い骨の回復を願って牛乳配達を頼み、私は配達される牛乳を毎日一ビンずつ飲んだ。しかし、その牛乳は混じりもののある粗悪品で、牛乳瓶の底にはいつも粉状の固形物が「とごって」いた。

さらに、「みかんなど」と言うところを、「みかんやかい」、と言うのが癖になっていて、先生からは、「かい（貝）はどこにあるんや」と言ってからかわれた。

正月の獅子舞は、一月三日に青年団が中心になって、今里の端から始まって、一軒ごと順に玄関前で行われた。獅子舞が終わると、その家は、手の空いている青年団員を酒とご馳走でもてなすのが習いであった。そのさい、ご馳走にあずかる団員は玄関先で

「もろもう」

と言って挨拶をし、家の主は

「どうれ」

と言って迎え入れた。その言葉の意味はよくわからないが、私は「もろもう」は「もの申す」、「どうれ」は「通れ」の意味ではないかと推測した。しかし、「どうれ」は、広辞苑では「誰」の変化したもので、武家時代、訪問者が「頼もう」などと呼んで案内を乞うた時、これに答える声、と説明されている。志摩半島は万葉の昔から、都との交流があり、古い時代からの名残が残っていても不思議でない。

宮城県気仙沼市の一人の医者が、気仙沼語の辞書を作成したと聞いたことがある。三ヶ所弁が辞書

を作れるほどの豊かな方言であるかどうかは定かでないが、私にはもう少し詳しく調べてみたい気持ちが捨てきれない。

おわりに

三ヶ所には、私とひと回り年の離れた辰年生まれの姉が八十六歳の今も元気で暮らしている。その姉に会うために、一年に一回ぐらいは、三ヶ所を訪れる。

訪れるたびに感じるのは、私が小学生の頃の三ヶ所の面影と、目にする景色も、会う人々も、ずいぶん変わってしまったことである。

良く言われるように、小さい頃は、自分の体も小さかったので、家の高さや道路の幅、距離などが、今よりずうっと高く、広く、遠かったように憶えている。それに加えて、二十年近く前の全国的な公共工事の波が、三ヶ所あたりにまでも押し寄せて来た結果、幅の広い舗装された道路が、山を削って貫き、田畑を埋め、壊して造成されて、瞼に浮かぶ昔の景色とは似ても似つかぬものになってしまった。繊細に入り組んだ集落の石垣の海岸も、直線的なコンクリートの高い防波堤に変わってしまった。

集落は、高齢化が進み、すでに限界集落の様相を呈して、子供が外で遊ぶ姿もめったに見られず、元気に遊ぶ声もほとんど聞こえてこない。それもそのはず、県道船で小中学校に通う生徒は、私達の頃には、百人を優に超えていたのに、今は数人にも満たないのである。

この先、私の大切な故郷、三ヶ所がどのようになってゆくのか、分かりようもないが、今住んでいる人々ができるだけ、幸せな生活を続けていけるよう、心から願うばかりである。

そして、私は、その三ヶ所で過ごすことのできた、楽しく天国のような子供時代の思い出をしっかりと胸に抱いて、心豊かにこれからの余生を送って行きたい、と切に思うのである。

■著者略歴

向井　楠宏（むかい　くすひろ）

1940 年　三重県に生まれる
1963 年　名古屋大学工学部金属学科卒業
1968 年　名古屋大学大学院工学研究科博士課程
　　　　　金属工学専攻単位取得満期退学
1986 年　九州工業大学教授
2004 年　同大学退職

工学博士
名誉教授：九州工業大学、東北大学（中国）
客員教授：トロント大学（カナダ）、インペリアルカレッジ（イギリス）、王立工科大学（スウェーデン）、北京大学、重慶大学、上海大学、昆明理工大学
日本鉄鋼協会名誉会員

三ヶ所物語《さんがしょものがたり》

2015 年 8 月 30 日　　初版 1 刷発行

著　　者　　向井　楠宏©
発 行 者　　青木　豊松
発 行 所　　株式会社　アグネ技術センター
　　　　　　〒 107-0062
　　　　　　東京都港区南青山 5-1-25　北村ビル
　　　　　　電　話 03-3409-5329
　　　　　　F A X 03-3409-8237
　　　　　　振　替 00180-8-41975
　　　　　　URL http://www.agne.co.jp/
印刷・製本　株式会社　平河工業社

MUKAI Kusuhiro, Printed in Japan, 2015
ISBN978-4-901496-81-0　C0023
落丁本・乱丁本はお取り替えいたします。
定価は表紙カバーに表示してあります。